지구를 살리는 기후위기 수업

지구를 살리는 기후위기 수업

이영경 지음

한울

자동차와 자장면, 그리고 건조기

옛날 어느 날의 기억을 꺼내어 봅니다. 그날은 우리 집에 처음으로 자동차가 생긴 날입니다. 아버지가 몰고 온 파란색 트럭이 그렇게나 멋질 수가 없었지요. 이 트럭은 우리 집에서 가장 큰 경제 수단이기도 했고 가장 큰 보물이기도 했습니다.

자동차가 생기자 자전거나 오토바이가 있을 때 운반할 수 있던 짐의 양보다 더 많은 짐을 실을 수 있게 되었습니다. 속도도 마찬가지예요. 혹시라도 학교에 지각할라치면 태워 주시던 자전거보다 어마어마하게 빨라졌어요.

마력馬力. 말 한 마리의 힘에 해당하는 양으로, 동력動力의 단위로 씁니다. 이 자동차가 가진 힘은 80마력이었습니다. 휘발유를 사용해서 말 80마리가 끄는 힘만큼 속도를 내고 짐을 옮길 수 있다는 말입니다.

생각해 보면 그 차를 타는 나는 옛날 임금님보다 훨씬 더 부자인 셈입니다. 아무리 임금님이어도 마차 한 대를 끄는 데 말 80마리를 이용하지는 않으니까요. 그런데 나는 아무렇지도 않게 80마리보다도 더 많은 말이 끄는 힘을 사용하여 회사도 가고 마트도 가고 여행도 갔습니다. 화석 연료의 힘이지요.

조금 더 이후의 기억도 더듬어 보겠습니다. 이삿날이었지요. 외식을 싫어하던 아버지 때문에 처음으로 배달 음식을 먹은 날입니다. 자장면과 군만두가 도착하고, 입가가 까매지도록 맛있게 자장면을 먹었습니다. 어머니는 다 먹은 그릇을 물로 정성스레 헹구어 대문 한쪽에 내어 두었고, 은색 철가방을 든 배달원이 그릇을 수거해 갔지요. 초록색에 흰색이 얼룩덜룩하던 자장면 그릇이 아직도 그립습니다.

그때는 자장면이 먹고 싶어서 그리웠던 그 그릇이 지금은 다른 이유로 참 그리워졌어요. 요즘 자장면을 시키면 하얀색 일회용 플라스틱 그릇이 랩에 둘둘 감겨 도착하고, 잘 닦이지도 않는 울퉁불퉁한 일회용 그릇을 닦아 버려야 합니다. 편리함 - 누구를 위한 편리함인지 모르겠지만 - 의 힘입니다.

이제 최근으로 돌아와서 요즘의 고민 하나를 털어놓을까 합니다. 빨래건조기를 살까 말까 망설이고 있거든요. 2020년 여름에는 54일 동안이나 비가 내려서 빨래를 말리느라 늘 걱정이었습니다. 빨래건조기를 이미 사용해 본 사람들은 뽀송뽀송한 이불이 진짜 좋다며 구매를 권하고 있고요. 하지만 전기를 많이 사용하는 기기라는 사실 때문에 망설이고 있습니다.

빨래건조기뿐일까요? 식기세척기도, 제습기도, 공기청정기도, 음식물분쇄기도 다 그렇지요. 언젠가부터 에너지 사용으로 오염된 공기 때문에 다시 에너지를 사용하는 기기를 늘리고 있고, 에너지 사용으로 생긴 이상 기후 때문에 입는 피해를 다시 에너지를 많이 쓰는 기계로 막으려 합니다. 분명 저와 비슷한 고민을 하는 분들이 있을 겁니다.

사람들이 편리하게 사용하고 누리는 것들의 대부분은 사실 알게 모르게 대가를 요구하고 있습니다. 80마력의 힘을 가볍게 사용하게 해 주는 자동차는 매연과 온실가스를, 식당 주인의 설거지를 줄여 주는 일회용 용기는 플라스틱 쓰레기산과 미세플라스틱을, 편리하려고 구매한 수많은 가전제품은 더 많은 에너지를 사용하게 합니다. 우리의 편리함은 화석 연료의 사용을 늘리고, 폐기물을 만들고, 기후변화를 일으켰습니다.

기후위기는 수많은 것들을 바꿀 것입니다. 특히 앞으로 살아갈 날이 더 많은 세대에게는 더욱더 많은 변화를 요구할 것입니다. 어쩌면 우리는 고작 100년 안에 홍수와 폭염이 일상인 지구를 만나게 될지도 모릅니다.

이 책은 이미 시작된 기후위기 문제를 어떻게 바라볼 것인지, 또 어떻게 해결할 수 있을 것인지, 내가 할 수 있는 행동은 어떤 것이 있는지 말합니다. 이 문제에 관심이 있는 사람들에게 작은 도움을 주고 싶어서 지요.

거기에 여러분의 지혜와 행동을 더해 주시기 바랍니다. 기후위기를 함께 겪고 있는 우리 모두가 머리를 맞대어 지혜를 모으고 함께 목소리를 내어야, 비로소 희망을 말할 수 있을 테니까요.

이영경

목차

③장 모든 소비에 따라오는 온실가스

⑥장 매일 행동 – 알고 말하고 행동하기

1

기후위기를 보는 눈

2050년 8월 22일. 삐삐삐삐~! 커다랗게 울리는 재난 경보음이 잠을 깨운다. 습관처럼 휴대폰을 열고 오늘의 낮 기온이 얼마나 되는지 확인한다. 에휴, 48도. 한숨이 나온다. 오늘도 내내 실내에만 있어야 할 것 같다.

한 달 넘게 이어진 폭염은 오늘도 여전하다. 몇 년 전부터 여름에는 밖에서 하는 운동은 물론이고, 잠깐 산책하는 일도 어려워졌다. 우리 집 강아지도 매일 창밖을 보며 산책하고 싶다는 눈빛을 보내지만 선뜻 밖으로 나갈 수 없다. 에어컨이 없는 곳은 가기도 어렵다.
또한 아스팔트 열기도 심각해서 자동차를 타지 않고는 도로에 가까이 다가가기도 두려울 정도이다. 어제도 청소 노동자 한 분이 보호복을 벗고 일하다가 쓰러져 병원에 실려 갔다는 뉴스를 보았다.

오늘은 제발 아무 일 없기를,
그리고 내일은 조금 기온이 낮아지기를.

우리는 이미 이런 미래가 그다지 놀랍지 않습니다. 수많은 영화나 책이 이와 같은 암울한 미래를 보여 주기도 합니다. 그런데 사람들이 정말로 30년 후 우리의 생활이 이렇게 바뀔 거라고 생각할까요? 아마도 아닐 겁니다.

대부분은 2050년쯤의 미래가 암울할 수 있다는 것을 알지만, 여전히 '나의 문제'로 여기지 못합니다. 기후위기는 아직 좀 더 더워진 여름이나 농작물의 재배 환경 변화 등으로만 인식되고 있습니다. 기후위기가 현실이 될 2050년은 아직도 30년이나 남았기에, 먼 미래의 일처럼 느껴지기도 하지요.

하지만 정말 먼 미래의 일일까요? 끓는 물이 담긴 냄비에 개구리를 넣으면 개구리는 깜짝 놀라 튀어 오릅니다. 자신이 위험하다는 것을 알기 때문이지요. 하지만 찬물에 개구리를 넣고 서서히 가열하면 개구리는 물이 끓어올라 위험해지기 전까지는 아무것도 모른 채 가만히 있습니다. 그러다가 결국 죽고 말지요.

미국의 전 부통령이자 환경 운동가인 앨 고어가 쓴 책 『불편한 진실』에 담긴 내용입니다. 이 책은 기후변화의 심각성을 전 세계에 알립니다. 여기 나온 개구리 우화는 바로 지구 온난화의 위협에 처한 인류를 비유하는 내용이지요. 기후위기가 서서히 다가오고 있지만, 그 위험을 제대로 보지 못하고 바로 대응하지 않는 우리의 모습을 꼬집고 있습니다.

고어는 편리함을 추구하는 현대인들이 지구 온난화나 기후변화를 사실로 받아들이지 않으려는 모습을 비판합니다. 하지만 인류가 기후변화로 인한 위기에 몰리지 않으려면 다소 불편하더라도 모두가 이 진실을 받아들여야 한다고 말합니다. 노벨위원회는 기후변화에 대한 노력과 관심을 높이 사서 고어에게 노벨평화상을 수여했습니다. 이 책의 내용을 바탕으로 영화를 만들기도 했지요.

지구는 점점 뜨거워지고 있습니다. 지구 온난화로 시작된 위기가 기후변화로, 기후가 변하여 기후위기로, 이제는 기후 재난으로 나타나고 있습니다. 우리는 차가운 물속에서 서서히 죽음을 맞이하는 개구리와는 다릅니다. 지구가 보내는 위기 신호를 알아채고 있으니까요. 폭염, 폭설, 태풍 등 수많은 이상 기후가 바로 그 신호입니다.

점점 뜨거워지기 시작하는 걸 알면서도 물속에서 나오지 않으면 우리는 결국 개구리와 같은 처지가 될지도 모릅니다. 물이 끓어오를 때 탈출하려면 늦겠지요. 지구가 보내는 위기 신호를 바로 알고 지금부터 함께 탈출할 방법을 찾아야 합니다. 우리가 기후위기의 원인과 현상, 그리고 대처법을 아는 것이 바로 그 시작입니다.

생명의 기후, 멸종의 기후

우리가 사용한 마스크가 야생동물에게 큰 위협이 될 수 있습니다.
사용한 마스크는 끈을 자르거나 돌돌 말아서 종량제 봉투에 잘 담아 버려요.

'100년 만의 무더위' 또는 '100년 만의 폭설'. 최근에 이런 말들을 많이 들었을 겁니다. 주위 어르신들이 "살다 살다 이렇게 비가 오는 건 처음 본다!" 하는 말을 듣기도 합니다. 이런 말 하나하나가 가리키는 건 무얼까요? 바로 기후氣候변화입니다.

그렇다면 기후변화란 무엇일까요? 기후변화에 관해 알기 위해서는 먼저 날씨와 기후의 차이를 알아야 합니다.

최저기온 8도, 최고기온 18도. 대한민국 가을의 평균적인 날씨입니다. 하루 사이에 10도나 차이가 나지요. 이런 기온의 변화를 포함해서 맑음, 흐림, 비, 눈과 같은 변화는 모두 날씨입니다. 이와 같은 날씨를 약 30년간 모아서 평균적으로 나타낸 것이 바로 기후입니다. 즉, 기후는 긴 시간에 걸쳐 나타나는 날씨 변화를 종합한 것입니다. '100년 만의 폭설'은 100년 전의 기후와 지금의 기후가 달라졌다는 의미입니다.

기후변화는 지금까지 아주 오랜 시간에 걸쳐 일어났습니다. 화산이 폭발하면서 화산재나 온실 기체가 많아지는 현상이 대표적입니다. 1815년 인도네시아의 탐보라 화산 폭발로 인해 엄청난 양의 화산 물질이 성층권으로 올라갔고, 이것은 북반구에 3년 동안 여름이 없는 기후를 만들었습니다.

또 지구의 궤도 변화나 지축의 기울기 변화처럼 아주 오랜 시간에 걸쳐 천천히 기후변화를 일으키는 요인도 있습니다. 태양의 활동 역시 기후변화의 원인이 되기도 하고요. 태양의 흑점이 많아지면 지구 기온이 올라가는 현상도 있습니다.

자연적인 기후변화는 농업을 가능하게 하고 문명을 발달하게 했습니다. 최초의 인류가 지구상에 등장한 것은 약 20만 년 전이지만, 농업을 시작하고 문명을 이룬 것은 겨우 1만여 년 전입니다. 그 이전에 농업이 시작되기 어려웠던 건 기온의 변화가 극심했기 때문도 이유 중 하나입니다.

그때는 수렵이나 채집으로 생활할 수밖에 없었고, 태풍과 같이 큰 피해를 주는 재해성 날씨도 지금보다 무려 10배나 더 많이 일어났다고 합니다. 태풍이 일 년에 한 번 부는 것도 농업에 큰 피해를 주는데, 열 번이나 발생한다고 하면 당연히 농사를 짓기 어려웠겠지요.

그 이후에도 기후는 인류가 살아가는 데 많은 영향을 미칩니다. 인류가 발달시킨 문명만 보아도 기후의 영향을 알 수 있습니다. 나일강, 유프라테스-티그리스강, 인더스강, 황하강 유역에서의 인류 문명 발생은 바로 홍수가 만들어 낸 혜택입니다.

풍부한 강물, 그리고 정기적으로 물이 범람하는 홍수 덕분에 인근 땅에 양분이 풍부해지고 그로 인해 농작물 생산도 많아지면서 인류는 안정적으로 정착할 수 있었습니다.

집 구조를 보아도 삶과 기후가 얼마나 관련이 있는지 확인할 수 있습니다. 우리나라의 옛날 집은 처마가 있고, 천장이 삼각형 구조입니다. 여름철에는 햇빛을 가릴 수 있는 처마가, 겨울철에는 더운 공기를 가둘 수 있는 삼각형 천장을 만들었습니다. 여름에는 시원하게, 겨울에는 따뜻하게 보내기 위한 지혜였지요. 북극 지방의 집이 이글루인 것도 북극 기후에 적응하기 위함입니다.

옷도 마찬가지지요. 추운 지방에 사는 사람들은 동물의 가죽이나 털을 이용해 옷을 지었습니다. 반면 열대 지방은 더위를 견디기 위해 얇고 가볍고 단순한 옷을 선호했습니다.

지구에 비치는 햇빛의 양이 변화하고 기온이 상승하기 시작한 것은 약 2만 년 전입니다. 그때부터 조금씩 상승하던 기온은 약 1만 년 전부터 안정적으로 유지되기 시작했습니다. 그즈음부터 인류는 농업을 시작하고 문명을 탄생시키게 됩니다. 신석기 시대의 시작이지요. 지금 우리가 이렇게 풍요롭고 안정적으로 살 수 있는 것이 바로 이런 자연적 기후 변화 덕을 크게 본 것이라고 할 수 있습니다.

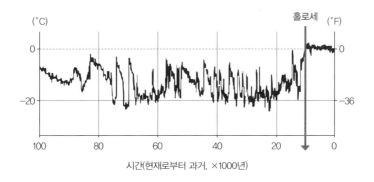

지난 10만 년 동안의 지구 기온 변화[1]

지구에 도달하는 햇빛은 대부분 대기를 통과해 지표면으로 옵니다. 토양은 이 빛을 다시 반사하는데, 이때 수증기나 이산화탄소, 메탄 등 온실가스가 없으면 이 태양 에너지는 모두 우주로 흩어지게 됩니다. 그러면 지구는 완전히 얼어붙게 되겠지요.

자연적으로 존재하는 이 온실가스가 태양 에너지가 우주로 모조리 방출되는 것을 막으면서 지구 온도가 약 14도로 유지되도록 합니다. 이처럼 자연 상태에서 발생하는 온난화 현상은 지구에서 생명이 살아갈 수 있게 해 줍니다.

반대로 태양 에너지가 우주로 나가지 못하고 지구로 계속 들어오기만 한다면 지구는 지글지글 끓어오르게 되겠지요. 최근 지구 온도가 상

---

1 Cambridge University Press, Arctic Climate Impact Assessment (ACIA) Scientific Report, 2005

승하고 있는 것이 바로 이런 이유입니다.

　인류가 사용한 화석 연료 때문에 공기 중 이산화탄소의 농도가 짙어지고, 이에 따라 우주로 나가야 할 지구 복사 에너지들이 나가지 못하고 있는 거죠. 인간의 활동이 기후에 영향을 미치고 있는 것입니다.

　산업 혁명 이후 석탄, 가스, 석유와 같은 화석 연료의 사용이 늘면서 이산화탄소 농도는 이전보다 약 0.01%가 증가했습니다. 폭염, 폭설, 가뭄, 홍수, 태풍, 산불 등 수많은 재해가 바로 이 0.01%의 증가 때문에 일어난 일입니다. 이산화탄소의 농도가 지금보다 더 높아진다면 결국 재앙에 이르는 길이 될 것입니다.

인류가 만든 지구의 변화

유효기간이 지난 폐의약품은 전용수거함에 버리거나 약국에 가져가요.
일반 쓰레기로 버리면 물에 녹아 들어가 생태계에 악영향을 미칠 수 있어요.

18세기 산업 혁명 이후 인류 문명은 엄청난 속도로 성장했습니다. 우리가 사용하는 전기, 자동차, 휴대폰, 아파트, 농산물 모두 문명의 발달과 함께 성장한 것입니다. 하지만 성장은 인류의 노력만으로 이루어지지는 않았습니다.

인류는 석탄, 석유, 가스와 같은 화석 연료를 태워서 얻은 에너지를 이용하여 사회 경제의 발전을 이루었습니다. 이것은 우리 사회를 편리하게도 하고 풍요롭게도 했지만 다른 한편으로는 온실가스, 매연, 폐기물 등을 발생시켰지요.

세계 인구는 산업 혁명 이후 서서히 증가하다가 1950년에 25억 명, 이후 급격히 늘어 2021년에는 약 79억 명이나 됩니다. 인구만 늘어난 게 아닙니다. 인류가 사용하는 에너지, 교통, 통신, 식량을 위한 비료 등이 급격하게 늘어났습니다.

이런 변화가 급속하게 나타나는 동안 지구의 자원과 에너지는 더 많이 착취당하고 오염 물질도 늘어났습니다. 당연히 지구 환경에도 많은 변화를 일으켰지요. 이산화탄소와 같은 온실가스의 증가, 지구 온난화, 오존층 파괴, 해양 오염, 생물의 멸종, 생태계 파괴와 같은 부정적인 결과를 낳았습니다.

실제로 지구상에 존재하는 물질의 총량을 비교해 보면 인류가 얼마나 많은 물질을 만들고 폐기하는지 알 수 있습니다. 지구상에 존재하는 식물이나 동물, 곰팡이 등을 모두 합친 생물의 총량은 1900년 이후 큰 변화가 없습니다.

하지만 인간이 만들어 낸 물질들은 그 양이 어마어마한 속도로 증가하고 있습니다. 이스라엘 와이즈만 과학연구소의 과학자들은 2020년이 지구 생물체의 총 질량보다 인간이 만든 물질의 무게가 더 커지는 시점이 될 것이라고 추정하기도 했습니다. 1900년까지만 해도 생물 총량에 비해 인간이 만든 물질은 약 3% 정도에 불과했지만, 지금은 생물 총량의 무게와 인간이 만든 물질의 무게가 같아지고 있습니다. 새로운 건물, 도로, 차량 및 제품이 빠르게 증가하여 2040년에는 생물의 질량에 2배나 되는 "콘크리트 정글"이 될 것으로 예측합니다.[2]

인간은 콘크리트나 벽돌, 아스팔트, 금속, 플라스틱 등을 끊임없이 생산하고 버리면서 지구 환경을 바꾸고 있습니다. 이렇게 인간이 만드는

2 Elhacham E, Ben-Uri L, et al. Global human-made mass exceeds all living biomass, Nature, 2020, vol 588

물질이 계속 증가할 수 있을까요? 유한한 지구 환경에서 무한한 생산과 폐기는 이루어질 수 없습니다.

점점 빨라지는 인류의 생산 속도와 지구의 변화 속도를 미리 막지 않는다면 더이상 지구에는 생명이 살아갈 수 없을지도 모릅니다.

기후변화로 멸종 위기에 처한 동물들

　기후의 변화는 가뭄과 홍수, 폭염과 한파 등 예측할 수 없는 재해성 날씨를 일으키며 우리를 위협하고 있습니다. 지구상의 생명은 지구의 변화에 따라 자신의 모습과 생활 방법을 바꾸면서 오랫동안 적응해 왔습니다. 하지만 최근에는 기후변화 속도가 너무 빨라 생물들의 자연적인 진화 속도로는 도저히 따라갈 수 없게 되었습니다.

　지구 온도가 상승하면서 북극의 빙하가 녹아 해수면이 상승하였고, 수많은 생물의 멸종도 예견됩니다. 지구상에 존재하는 생물 중 1/4가량(23.7%)이 멸종될 위기에 처한 것으로 나타났고, 동식물을 모두 합쳐 약 100만 종으로 추산됩니다. 야생종의 개체 수는 1970년 이후 2/3만큼 감소했으며, 2010년부터 꾸준히 감소하고 있습니다.[3]

3　환경부. 제5차 지구생물다양성전망. 2020.9.16. http://www.me.go.kr/home/web/policy_data/read.do?menuId=10261&seq=7577

그렇다면 멸종 위기에 처한 대표적인 생물은 무엇이 있을까요?

먼저 산호초가 있습니다. 기후변화와 해양 산성화에 영향을 받은 산호초는 멸종에 다가가는 속도가 가장 빠른 것으로 나타나고 있습니다.

두 번째로 소개하는 동물은 하마입니다. 아프리카의 강과 호수, 습지에 사는 하마는 기후변화로 인한 가뭄과 기온 상승으로 위기에 빠졌습니다.

하마가 서식하는 36개 국가 중 3개국에서는 최근 하마가 멸종했다고 보고되었으며, 20개국에서는 개체 수가 감소했습니다.

세 번째는 바다거북입니다. 바다거북은 바닷속에서 살지만, 알을 낳을 때는 해변의 모래사장으로 올라옵니다. 바다거북은 알에서 새끼가 부화할 때 모래 환경에 따라 암수가 달라지는 특성이 있는데, 모래가 따뜻하고 건조할수록 암컷이 나올 가능성이 커집니다.

지구 온난화는 바다거북이 대부분 암컷으로 태어나게 만들었습니다.

마지막은 판다입니다. 하얗고 커다란 몸집에 검은 팔다리, 검은 눈. 귀여움의 대명사지요. 판다는 대나무숲에 살면서 대나무잎을 먹고 삽니다.

　　그런데 기후변화로 인해 대나무숲이 빠르게 사라지고 있습니다. 서식지와 먹이가 사라지면 판다는 살아남기 어려울지도 모릅니다.

3

회복 불가능한 지구, 예측 불가능한 미래

서울시 자원 순환 인스타그램 '올분장인 @seoul_allboon'과 친구를 맺어요.
다양한 콘텐츠를 통해 올바른 재활용 분리배출 방법을 알려 줄 거예요.

청개구리는 비가 오면 왜 그렇게 울까요? 아마도 그 배경이 된 전래 동화를 들어 보았을 거예요. 엄마 청개구리는 언제나 자신의 말과는 반대로 행동하던 아들 청개구리에게 자신이 죽으면 강가에 묻어 달라고 유언을 남깁니다. 그래야 산에 묻어 줄 것이라고 생각했기 때문이에요. 그러나 엄마의 마지막 유언이나마 지키고 싶었던 아들 청개구리는 엄마의 의도를 생각하지 못하고 무덤을 강가에 만들고 말지요.

아들 청개구리는 여름이면 비가 내려 강이 넘친다는 사실을 몰랐기 때문에 어리석은 행동을 하고 말았습니다. 청개구리들이 사는 곳은 아마도 계절에 따라 강물의 양이 달라지는 곳이었나 봅니다.

그런데 만약 아들 청개구리가 사는 곳의 강수량이 일 년 내내 일정하다면 어땠을까요? 그렇다면 강물이 범람할 일이 없을테고 엄마 청개구리 무덤은 강가에 있어도 큰 문제가 없었을 것입니다.

이렇듯 기후를 알고 예측할 수 있다는 것은 삶에 지대한 영향을 미치고, 또 안전하게 살 수 있도록 도움을 줍니다. 그런데 지금 우리는 기후를 예측할 수 없는 시대로 들어서고 있습니다. 지구 온난화로 인한 기후 변화, 그리고 이상 기후가 예측을 어렵게 합니다.

내일 비가 온다거나 기온이 올라간다거나 하는 예측이 아니라, 6월 말 경이면 장마가 온다거나 8월에 태풍이 잦아진다거나 다음 해엔 눈이 훨씬 더 많이 내린다거나 하는 등의 장기간 예측이 어려워지는 거예요. 안타깝게도 그 불확실의 정도는 점점 더 심각해질 것입니다.

기후변화가 일어나는 원인은 온실가스 때문입니다. 온실가스는 온실효과를 일으키는 기체로, 대기 중에는 아주 적은 양이 존재하지만 기후변화에 강력한 영향을 미칩니다. 온실가스 종류로는 이산화탄소, 메탄, 아산화질소 등이 있습니다. 그중 지구 온난화에 가장 큰 영향을 미치는 것은 이산화탄소로, 동물이 숨을 쉴 때도 나오지요. 가장 많은 양이 존재하기 때문에 지구 온난화에 가장 크게 영향을 미칩니다.

자연에서 발생하는 이산화탄소는 식물의 광합성 등을 통해 대부분 사라집니다. 문제는 인간이 화석 연료로부터 에너지를 얻기 위해 석탄이나 석유, 천연가스와 같은 화석 연료를 태울 때 발생하는 이산화탄소입니다. 이때 발생하는 양은 자연적으로 제거되지 못하고 대기 중에 남아 지구 온난화의 원인이 됩니다.

과학자들은 그린란드나 북극의 빙하 속 물질을 연구하면서 이산화탄소의 농도와 지구의 평균 기온이 밀접한 관계가 있다는 사실을 밝혀냈습니다. 지구 평균 기온의 변화와 이산화탄소 농도의 변화가 비례한다는 사실을 밝혀낸 겁니다.

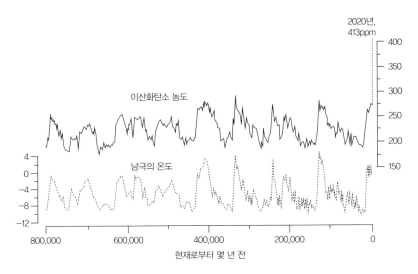

이산화탄소 농도 변화와 기온 변화
지난 80만 년 동안 남극 얼음 코어에서 살펴본 온도와 이산화탄소의 변화

약 2만 년 전 지구의 기온이 가장 낮을 때 대기 중 이산화탄소 농도는 0.02% 정도였습니다. 그로부터 1만 년 후 0.03%로 증가했는데, 자연적인 증가로는 역대 가장 빠른 속도였습니다. 이후 이산화탄소 농도는 최근 100년간 인간의 활동으로 인해 다시 0.01%가 상승했습니다. 이산화탄소 농도가 0.01%의 상승하는 데 자연은 약 1만 년이 걸렸는데, 인간은 약 100년 만에 그만큼의 농도를 높였습니다. 자연의 속도보다 무려 100배 정도나 빠른 거지요.

이렇게 변화한 이산화탄소 농도는 기온의 변화도 가져왔습니다. 2만 년 전에서 1만 년 전까지 약 4도 상승한 지구의 기온은 최근 100년 동안 다시 1도가 상승했습니다. 무려 25배가 빠른 속도로 말이지요.

이 빠른 변화를 지구의 생명은 견뎌내지 못하고 있습니다. 인류로 인해 일어난 기후변화는 지구 생물 중 100만 종이 멸종 위기에 처하는 결과를 가져왔습니다. 그리고 이 생물종의 멸종은 인류에게도 위협이 될 수밖에 없습니다. 하나씩 사라지는 생물은 결국 전체 생태계에 영향을 미치게 되니까요.

먹이 사슬과 에너지의 순환으로 엮인 생태계는 하나가 무너지면 다른 것에도 큰 영향을 미칩니다. 구상나무나 고사리, 개구리나 도롱뇽의 멸종은 생태계 순환에 악영향을 미치고, 결국 먹이 사슬 맨 위에 있던 인류까지 무너뜨릴지도 모릅니다.

겨우 1도 올라가는 걸로 호들갑이라고 할지 모르겠습니다. 기온이 1도 상승한다는 게 어쩌면 별일 아닌 것처럼 느껴질 수 있습니다. 우리는 아침과 낮 기온이 10도 이상 차이가 나는 날이 있어도 생명에 지장 없이 살고 있으니까요.

하지만 기온의 변화로 인한 생태계의 위기는 우리 몸과 마찬가지라고 생각하면 이해하기 쉽습니다. 체온이 1도 오르면 미열이 나고 해열제를 먹거나 쉬면서 회복할 수 있지만, 2~3도가 오르면 위험해지고 사망하기도 하는 것과 같습니다.

지구의 평균 기온이 1도 오르는 것은 단순히 어제보다 오늘 1도 더 오르는 것과는 다릅니다. 콜롬비아대학교 지구연구소Columbia University

Earth Institute는 지구 평균 기온이 3도 올라가면 폭염이 나타나는 빈도가 무려 145배나 된다고 발표했습니다.[4] 우리가 100년 만의 폭염이나 한파와 같이 발생할 확률이 적은 날씨를 최근에 자주 경험하는 건 바로 이 때문입니다.

인류의 활동으로 온도가 높아진 지구는 스스로 지구 온도를 높이기도 합니다. 원래 북극의 흰색 빙하는 태양에서 오는 빛을 반사해 지구 표면으로 바로 들어오는 것을 막습니다. 그런데 지구 온도가 상승하면서 흰 빙하가 녹아 검푸른 바다가 그대로 드러나게 되면서, 반사되지 않고 지구로 흡수되는 양이 늘어나게 되었습니다. 이렇게 흡수된 태양 에너지는 지구 온도 상승의 속도를 올리고 또다시 빙하를 녹게 만들지요. 온도 상승과 해빙의 악순환이 되풀이되는 것입니다.

북극에 있는 영구동토층(일 년 내내 0℃ 이하로 온도가 유지되는 토양층) 문제도 그렇습니다. 기온이 올라가면서 영구동토층이 녹으면 그 속에 있는 메탄이 공기 중으로 배출됩니다. 메탄은 이산화탄소보다 30배나 강력한 온실가스로, 지구 온도 상승에 많은 영향을 미치게 됩니다. 역시나 지구 스스로 기후변화를 일으키는 원인이 되는 것입니다.

영구동토층에는 메탄만 있는 것이 아닙니다. 빙하가 녹으면 그 안에 묻혀 있던 고대의 박테리아가 되살아날 수도 있습니다. 2016년 러시아

---

4 CSAS, Climate Data, 2015, https://csas.earth.columbia.edu/our-work/climate-data

시베리아의 야말로네네츠 자치구에서 12세 목동이 탄저병으로 숨지는 일이 발생했습니다. 탄저균이 발견된 지역에서는 이미 순록 2천3백여 마리가 죽었고, 주민 8명이 탄저균에 감염되었습니다. 탄저병은 1941년에 사라졌다가 75년 만에 다시 발생했는데, 빙하 속에 잠자고 있던 탄저균에 감염된 동물 사체로부터 재발했다고 보고 있습니다.[5]

이뿐만이 아닙니다. 2014년에는 3만 년 된 거대 바이러스가 발견되기도 했습니다. 다행히 이 바이러스는 아메바만 감염시키고 다른 동식물에 옮기지는 않았습니다. 그러나 만약 사람을 감염시킬 수 있다면, 면역력이 전혀 없는 현대 인류에게는 치명적일 수 있습니다.

빙하 속에는 지금까지 발견된 적 없는 새로운 바이러스들이 잠자고 있습니다. 빙하가 녹으면 이 바이러스들이 어느 순간 되살아날지도 모릅니다. 코로나19로 위기를 겪고 있는 인류에게 새로운 바이러스의 출현은 또 다른 재앙이 될 수 있습니다.

지구는 생명체가 살아갈 수 있는 넉넉한 품을 내어 주기도 하지만, 멸종에 이르게 하는 힘을 갖고 있기도 합니다. 그리고 인류의 활동이 바로 이 멸종을 앞당기는 역할을 하고 있습니다. 지구가 스스로 가속하여 회복할 수 없는 상태로 들어가기 전에 우리가 가는 길이 올바른 길인지 생각해 보아야 합니다.

---

5 빙하 녹으면 묻혀있던 바이러스 부활…인류는 어떻게 대비해야 할까?, YTN 사이언스, 2020.05.12. https://m.science.ytn.co.kr/view.php?s_mcd=0082&key=202005121730471991

지구가 보내는 기후위기 신호

2022년 6월부터는 일회용 컵에 든 음료를 구입하려면 보증금을 내야 합니다.
컵을 반납하면 환불받을 수 있어요.

얼마 전부터 우리는 여름과 겨울이 길어지고 봄과 가을이 사라지고 있다고 말합니다. 며칠 전까지만 해도 반팔 옷을 입고 지내다가도 어느 순간 성큼 겨울이 다가온 것을 느끼기도 합니다.

추운 겨울을 지나 봄이 오는 것은 순서대로 피는 꽃에서 느끼기도 합니다. 산수유와 목련이 피고 뒤이어 개나리와 진달래, 그리고 벚꽃과 철쭉 순으로 피었다 지면 이제 봄이 다 갔나 보다 하게 됩니다. 그런데 언제부턴가 이 많은 꽃이 순서 없이 한꺼번에 피었다가 지기도 하고, 한겨울에 개나리가 피기도 합니다. 날씨와 기후가 변화하고 있다는 것을 알려 주는 신호이지요.

그런데 이제는 홍수나 가뭄, 폭염이나 한파와 같은 직접적인 이상 기후와 재난으로 기후변화를 인지하는 경우가 많아지고 있습니다. "빙하가 녹는 현상으로부터 북극곰을 지켜 주세요."라고 외치던 상황을 넘어, 이제는 우리 이웃이 기후 재난을 겪는 모습을 보게 됩니다.

2018년 여름 대한민국은 폭염으로 인한 피해가 컸습니다. 온열질환자 수가 무려 4천5백 명가량으로 2011년보다 10배나 늘어났습니다. 한 응급실 의사는 폭염으로 쓰러져 병원에 실려 온 사람들의 "뇌가 녹고 있다"고 말하면서 폭염의 무서움을 강조했습니다.

2020년 여름에는 6월 24일 시작된 비가 8월 16일까지 무려 54일 동안 쉬지 않고 내렸습니다. 이 비로 38명이 사망하고, 8천여 명의 이재민이 발생했으며, 경기도 안성시, 전라남도 구례군 등 38개 지역이 특별재

난지역으로 선포되기도 했습니다. 2021년도 예외는 아니었습니다. 태풍으로 인해 집이 무너지고 도로가 파괴되는 등 수많은 피해가 잇따랐습니다.

우리나라가 장마로 난리를 겪고 있을 때 유럽은 가뭄으로 몸살을 앓았습니다. 지하수가 마르고, 수력 발전이 멈추고, 밀과 옥수수를 생산하는 데 위협이 될 정도였지요. 체코의 경우 500년 만의 최악의 가뭄이라고 표현할 정도로 심각했습니다. 반대로 2021년 여름 독일은 천 년 만의 대홍수가 일어나 마을이 사라지는 일도 있었습니다.

캐나다는 2021년 여름 내내 40~50도에 달하는 폭염으로 피해를 입었는데, 11월에는 500년 만의 홍수로 산사태가 발생하고 인명 피해가 나는 등 대규모 재난으로 이어져 비상사태가 선포되었습니다.

이뿐만이 아닙니다. 추운 지방의 대명사인 시베리아에서는 여름 기온이 38도까지 올라 같은 날 한국보다 더 높은 기온을 기록했습니다. 폭염은 산불을 일으키고 서울 면적의 20배나 되는 땅을 불태웠습니다.

케냐나 에티오피아 등 아프리카 국가들은 기후위기로 인해 또 다른 피해를 입었습니다. 사막메뚜기 떼가 나타나 식량이 부족해진 것입니다. 사막메뚜기 떼는 3만 5천 명이 먹을 작물을 하루 만에 먹어 치웁니다. 잠재적으로는 인구의 1/10에게 식량 위기가 일어날 수 있는 양입니다. 사막메뚜기 떼는 기후변화로 인해 엄청난 양으로 늘어났습니다.

기후위기는 이렇게 곳곳에서 이상 기후로 나타나기도 하지만, 또 다른 다양한 사회 문제로 나타나기도 합니다. 대표적인 것이 바로 먹거리 문제입니다. 2020년 장마 이후 토마토 생산이 줄어들면서 몇몇 프랜차이즈 매장에서는 햄버거 안에 토마토를 넣지 못하는 일이 벌어졌습니다. 배추 농사도 어려움을 겪으면서 김치 회사에서 김치 생산과 판매를 중단하는 일도 생겼습니다.

더 큰 문제는 지구촌을 휩쓴 농축산물 피해가 심각한 식량 부족으로 이어지고 있다는 것입니다. 아프리카 동쪽 섬나라 마다가스카르는 국민 10명 중 7명이 농업에 종사하고 생물 다양성도 높은 '풍요의 땅'이었지만, 2021년 현재 114만 명이 식량 구호를 받아야 하는 상황이며 40만 명은 기아 상태입니다.

먹을거리가 부족한 현실도 문제지만 농사를 짓는 농민은 소득이 감소하여 생계마저 어렵게 됩니다. 미국 캘리포니아에서는 아몬드를 재배하는 농민들이 물이 부족해서 농사를 계속하지 못하고 아몬드 나무를 베어내는 일도 생겼습니다. 우리나라 농민들도 마찬가지입니다. 이상 기후로 과일이 열리기 전에 꽃이 떨어지고, 배추는 물러서 팔 수 없게 되었습니다.

인류의 행동으로 유발된 기후변화는 이제 변화를 넘어 위기로 다가오고 있습니다. 2019년 영국 옥스퍼드 사전은 그해의 단어로 '기후비상사태climate emergency'를 선정했습니다. 기후변화를 위기로 인지하고 더 큰 피해를 막기 위해 시급한 대응이 필요한 상황임을 나타낸 말입니다.

지구는 우리에게 기후변화라는 현상으로 위기의 신호를 보내고 있습니다. 이 신호를 정확하게 이해하고 대응하기 위해 무엇이 필요한지 함께 고민하고 행동해 나가는 것이 중요합니다.

코로나19 사태가 기업형 축산업 때문이라고?

2019년 말 발생한 코로나19는 전 세계 사람들에게 마스크를 씌웠습니다. 박쥐에서 시작한 바이러스는 2년이 지난 후에도 여전히 해결되지 않고 오히려 계속해서 변이바이러스를 만들고 있습니다.

그런데 2021년 발행된 『죽은 역학자들』이라는 책을 보면 코로나19의 원인은 바이러스가 아니라 인간이라고 말하고 있습니다. 특히 이윤 창출이 목적인 기업형 공장식 축산업이 그 근원이라는 것입니다.

인간 활동으로 야생 지역이 파괴되고 야생과 인간의 경계가 흐려지면서 야생에 있던 병원균들이 인간 세상으로 넘어왔습니다. 본디 야생 동물이 숙주이던 바이러스가 가축으로 이동하는데, 기업형 축산으로 면역이 약해진 가축들이 아주 좋은 숙주가 되어주고 있다고 분석합니다. 그러면서 코로나바이러스와 같은 감염병에서 벗어나려면 생태적 농업으로 회복하는 것이 필요하다고 말합니다.

UN환경계획UNEP 역시 공장식 축산 시스템에서 가축이 매개 媒介가 되어 야생 동물과 인간 사이에 바이러스를 옮긴다는 연구를 발표했습니다. 공장식 축산은 산림 벌채, 광산 개발, 댐 건설, 도로 개통 등의 원인이 되며, 야생 동물이 살 수 있는 서식지를 점점 파괴하고 있습니다.

2

지구 온도 상승, 뭐가 문제예요?

2018년 10월 우리나라 인천에서 열린 제48차 기후변화에 관한 정부 간 협의체IPCC 총회에서는 「지구 온난화 1.5도 특별보고서」를 채택했습니다. 이 보고서는 2015년 파리협정에서 합의한 지구 온난화 1.5도 목표의 과학적 근거를 마련한 것입니다.

　　2100년까지 지구 평균온도 상승 폭을 1.5도 이하로 억제해야 하는 필요성을 설명하면서, 그 실현을 위해 전 세계가 2030년까지 이산화탄소 배출을 50% 이상 줄여야 한다는 내용을 담았습니다.

　　지구 평균 기온 상승 1.5도, 이 온도의 의미는 무엇일까요?

1
지구 온도 상승의 의미

2023년 1월부터 소비기한 표시제가 시작됩니다. 섭취해도 안전에 이상이 없는 기한을 표시하니 유통기한이 지났다고 버리지 말고 소비기한을 확인하세요.

지구의 평균 기온은 산업화 이전에 비해 약 1도 상승했습니다. 현재와 같은 속도로 온난화가 지속된다면, 2030~2052년 사이에 지구의 평균 온도는 1.5도 이상 올라갈 것으로 예측 가능합니다. 10년마다 약 0.2도씩 상승하는 꼴이지요.

1.5도 특별보고서는 지구 평균 기온이 1.5도 올라갔을 때와 2도 올라갔을 때를 비교하면서 지구 기온 상승에 따라 어떤 피해가 따라오는지 보여 주고 있습니다. 불과 0.5도의 차이가 얼마나 클까 싶지만, 보고서에서 보여 주는 차이는 실로 어마어마합니다.

몇 가지 예시를 들어 볼까요? 가장 먼저 눈에 띄는 것은 해수면의 상승입니다. 기온의 상승을 1.5도로 제한할 경우 2도 상승할 때보다 해수면이 10cm 더 낮아질 수 있습니다. 북극해의 해빙海氷이 녹아서 사라지는 현상도 1.5도 상승일 때는 100년에 한 번 발생하지만, 2도 상승일 때는 적어도 10년에 한 번 발생할 것으로 분석하고 있습니다. 좀 더 확실한 차이를 보이는 것은 산호초입니다. 산호초는 1.5도만 상승해도 70~90%가 사라지고, 2도가 상승하면 99% 이상 사라질 것으로 예측됩니다.

다른 동물은 어떨까요? 생물종으로 봤을 때 1.5도가 상승하면 서식지의 절반 이상을 잃어버리는 곤충은 6%, 식물은 8%에 달합니다. 만약 2도 이상 상승하면 곤충은 18%, 식물은 16%로 증가하고요.

인류가 맞이하는 피해도 비교해 볼 수 있습니다. 극심한 폭염에 노출되는 인구수가 1.5도 상승할 때는 전 세계 인구의 15%, 2도 상승할 경우에는 37%로 나타났습니다.

이런 가운데 IPCC는 「2021년 제6차 기후변화 보고서」를 발표했습니다. 이 보고서는 국제 사회가 1.5도 보고서에 합의한 이후에도 지구 온도 상승은 갈수록 빨라지고 있고, 앞으로 20년 이내에 1.5도 상승을 넘을 가능성이 크다고 예측했습니다. 1.5도 특별보고서가 2030~2052년으로 잡았던 시점보다 무려 10년 이상 빨라진 것입니다.

1850~1900년 대비 기온 상승(℃)	+1.1 현재	+1.5	+2	+4
기온 10년 빈도 가장 더운 날 기온	+1.2℃ (1.0~1.4)	+1.9℃ (1.5~1.9)	+2.6℃ (2.0~2.8)	+5.1℃ (4.6~5.6)
가뭄 10년 빈도 가뭄 발생 증가	1.7배 (1.2~3.1)	2배 (1.4~4.1)	2.4배 (1.5~4.8)	4.1배 (2.0~8.2)
강수량 10년 빈도로 비가 많이 내린 날의 발생 빈도 증가	1.3배 (1.3~1.4)	1.5배 (1.5~1.6)	1.7배 (1.7~1.9)	2.7배 (2.5~3.2)
눈 눈 덮임 면적의 변화	−1% (−2~0)	−5% (−5~−1)	−9% (−12~−4)	−25% (−31~−18)
열대 사이클론 열대 사이클론 강도의 증가율	−	+10%	+13%	+30%

기온 상승에 따른 지구 기후 시스템의 반응[6]

영국의 환경 운동가 마크 라이너스는 자신의 책 『6도의 멸종』에서
지구 기온이 1도씩 오를 때마다 세상이 어떻게 변하는지 정리했습니다.
지구의 온도가 1도 오르면 가뭄이 지속되면서 물이 부족한 인구가 5천

---

6 IPCC. AR6 Climate Change 2021: The Physical Science Basis. 2021. https://www.ipcc.
ch/report/ar6/wg1/#SPM

만 명에 달하게 됩니다. 육상 생물 중 10%가 멸종 위기에 달하고, 인류 30만 명이 기후변화로 사망할 수 있다고 합니다.

만약 지구의 온도가 2도 오르면 인류가 사용할 수 있는 물은 20~30%까지 줄어들게 되고 물 부족 피해는 더욱 심각해집니다. 그린란드 빙하가 녹아 해수면이 7m나 상승하고 바다로 흡수되는 이산화탄소 양이 늘어 해양 생태계를 위협합니다.

그렇다면 지구의 온도가 3도 오르면 어떻게 될까요? 아마존 열대 우림이 파괴되고 산불이 많아집니다. 태풍이나 가뭄이 극심해지면서 식량 생산이 줄어들고, 이에 따라 3백만 명에 달하는 사람들이 기아로 사망할 수 있습니다.

지구의 온도가 5도 오르면 그 정도가 매우 심각해집니다. 히말라야 빙하가 소멸하고 도서국가를 포함하여 뉴욕, 런던 등이 물에 잠길 위험에 처하게 됩니다. 거주할 수 있는 지역으로 피난민이 몰리면서 갈등이 심해지고 핵무기가 동원된 전쟁이 일어날 수도 있습니다. 만약 6도까지 오르면 상상할 수 없는 재앙의 시대가 도래합니다. 대멸종에 이를 수도 있어요.

우리나라도 안전하지 않습니다. 한국 역시 지구 온난화가 심각해질수록 폭염, 홍수, 가뭄이 더 강하게, 더 자주, 더 넓은 지역에서 일어날 것으로 전망합니다. 환경부에서 발표한 「한국 기후변화 평가보고서 2020」에 따르면 우리나라의 폭염 일수는 2020년 10.1일에서 2100년 35.5일로, 무려 3배 이상 증가하는 것으로 나타났습니다. 서울시에 살면서 여름철에 사망하는 사람의 수도 2011년 100.6명이던 것이 2040년에는 230.4명으로 증가합니다.

이뿐만이 아니에요. 열대 지방에 서식하던 흰줄숲모기가 한국에 뿌리를 내려 감염병이 증가하고 식량 작물의 급격한 감소로 먹거리 위기가 닥칩니다. 현재보다 해수면이 65cm 상승하고 수온도 3~6도 상승하면서 수산업을 비롯한 생태계에도 심각한 영향을 미칠 것으로 분석했습니다.

지구 온도의 상승과 기후변화는 단지 이상 기후의 피해로만 그치지 않습니다. 생태계의 변화와 식량 문제를 비롯해 사회 · 경제적으로 많은 분야에 영향을 미칩니다. 그것은 결국 우리 삶에도 영향을 미치고 위기로 다가올 수 있겠지요.

지구 온도 상승으로 어떤 피해가 나타나는지 조금 더 구체적으로 알아보기로 해요.

2
지구 온도 상승의 영향
- 극한 기후

라면을 끓일 때 뚜껑을 덮고 조리하세요. 뚜껑을 열면 열이 날아가 버려서
에너지를 더 많이 쓰게 된답니다.

동화『오즈의 마법사』를 읽은 적이 있나요? 미국 캔자스 농장에 사는 소녀 도로시가 토네이도에 휩쓸려 오즈의 나라로 가서 모험을 펼치는 이야기로, 1904년에 출간된 책입니다. 혹시 이 동화를 읽으며 바람에 집이 날아가는 모습이 신기하지 않았나요?

요즘 미국에서는『오즈의 마법사』속 토네이도가 빈번하게 나타납니다. 토네이도와 허리케인이 상륙하면 모래 폭풍이 불면서 트럭이 날아가고 집이 부서지기도 하지요. 2021년 8월에는 허리케인 아이다가 뉴욕과 뉴저지를 강타하면서 최소 50명이 사망하고, 집 수십 채가 붕괴되고, 20만 가구 이상이 정전으로 피해를 입었습니다.

이때 내린 비는 관측 사상 가장 많은 양으로 천 년에 한 번 있을 법한 일이었다고 합니다. 짧은 시간 동안 너무 많은 비가 오자 사람들이 대피하지 못하여 피해가 더 컸습니다. 아이다로 인한 피해액은 최소 약 110조 원에 달하는 것으로 보고되어 경제적인 손실도 엄청납니다.

또한 유럽에서는 최근 고온과 가뭄으로 피해가 극심했습니다. 국제 학술지『네이처 지오사이언스』에 실린 한 논문에서는 로마 제국 시대에 존재하던 오크나무 147그루의 나이테 2만 7천 개를 분석하였습니다. 그리하여 2천 년 만에 최악의 가뭄이었다는 결과를 얻었다고 하니 그 피해를 쉽게 상상하기 어렵네요.[7]

이상 고온이 나타나면 산불이 발생하고, 작물이 황폐화하며, 수천 명이 조기에 사망하는 등의 피해가 연이어 나타납니다. 또 하천의 수량이 감소하여 물 부족 피해도 이어질 수 있습니다.

호주에서 일어난 산불도 극한 기후 현상 중 하나입니다. 호주 남동부 지역에서 2019년 9월에 시작된 산불은 6개월이 지난 2020년 2월에 진화될 정도로 매우 큰 규모였습니다. 이 산불로 인해 호주에서는 한반도 면적의 80% 이상이 소실되었고, 30여 명의 사망자가 발생했지요. 건물 5천7백여 채가 모두 불에 탔고, 양서류와 곤충을 포함한 동물들 12억 7천 마리가 죽은 것으로 분석되고 있습니다.

산불의 영향은 여기서 끝나지 않습니다. 이 산불로 대량의 이산화탄소가 발생했고, 이는 또다시 지구 온난화에 영향을 미치게 됩니다. 숲의 면적이 줄어들어 장기적으로 볼 때 탄소 흡수량이 감소하게 되었고, 멸종위기종인 코알라와 캥거루 같은 야생 동물이 많이 사망하며 생태계에도 비상이 걸렸지요.

기후위기라는 말과 함께 가장 먼저 떠오르는 것이 바로 이러한 이상 기후 현상들입니다. 일반적으로 나타나는 가뭄과 홍수, 태풍 등이 더 강하고 더 세게 더 자주 일어나는 현상을 의미합니다.

IPCC는 기후변화로 인해 극한 기후 현상이 더 강해지고 있다고 밝

---

7 Ulf Büntgen etc. Recent European Drought Extremes Beyond Common Era Background Variability. Nature Geoscience. 2021;14:190-196

혔습니다. 우리나라에서 폭염이나 열대야 같이 더위가 심해지는 날씨가 더 많이 나타나는 것도 이런 현상 중 하나입니다.

기후변화가 바꾼 우리나라 사계절과 24절기![8]

2021년 4월 기상청에서 100년 이상 기상을 관측한 자료를 바탕으로 우리나라 기후변화 추세를 분석한 결과를 발표했습니다. 분석 결과 과거 30년(1912~1940년)에 비해 최근 30년(1991~2020년) 동안 연평균이 1.6도 상승한 것으로 나타났습니다.

기후변화로 인해 계절과 24절기도 바뀌고 있습니다. 24절기는 태양의 위치에 따라 계절을 구분하기 위해 만든 것인데, 봄의 시작인 입춘, 싹이 트기 시작하는 우수, 더워지기 시작하는 소서, 더위가 가장 심하다는 대서, 겨울의 시작인 입동과 같은 날들이 24절기입니다.

2021년은 서울의 벚꽃이 99년 만에 가장 일찍 핀 해입니다. 이처럼 계절의 시작일과 계절 길이의 변화도 뚜렷이 나타나고 있습니다. 과거 30년 대비 최근 30년 동안 여름은 20일 길어지고,

---

8 유럽 2천년 만에 최악의 고온 · 가뭄… 지구온난화 영향. 연합뉴스. 2021.03.16. https://www.yna.co.kr/view/AKR20210316063100009

겨울은 22일 짧아졌습니다. 봄과 여름 시작일은 각각 17일, 11일 빨라졌고요. 사계절 중에서 여름은 118일(약 4개월)로 가장 긴 계절이며, 가을은 69일로 가장 짧습니다.

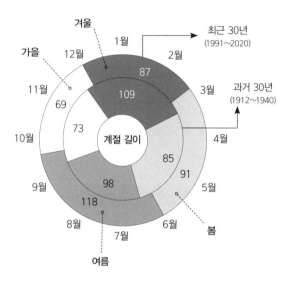

최근 30년과 과거 30년 계절 길이 변화 추세

기후를 표현하는 24절기 중에서도 겨울과 봄에 해당하는 절기의 기온 상승 폭이 높아지면서 가장 추운 절기인 대한과 소한에도 영상 기온을 보일 정도입니다. 개구리가 깨어난다는 경칩과 여름의 시작을 나타내는 입하 역시 기온이 올라가 봄·여름의 시작이 빨라지고 있다는 것을 알려 줍니다.

3
지구 온도 상승의 영향
– 물과 식량 위기

부드러운 바나나 껍질은 음식물쓰레기로 분류하고, 윗부분의 딱딱한 꼭지는
분쇄가 어렵기 때문에 잘라서 일반쓰레기로 버려요.

우리가 간식으로 좋아하는 아몬드의 80%는 미국 캘리포니아에서 생산됩니다. 그런데 2021년 봄에 아몬드 농가들이 농사를 포기하고 나무를 뽑아내기 시작했습니다. 바로 물 부족 때문이었습니다. 가뭄이 심각해지면서 식수를 확보하기 위해 농업용수를 줄일 수밖에 없었던 것이지요.

미국 서부 지역에 해마다 나타나던 가뭄이 2021년 유난히 심해지면서 인공 호수인 미드호가 1930년 처음 만들어진 이래로 가장 낮은 수위를 기록했습니다. 캘리포니아에서 두 번째로 큰 저수지인 오로빌호는 2019년의 수위보다 50cm나 낮아졌습니다. 이렇게 저수지가 최저 수위를 기록하고, 인근에서는 산불이 발생하였으며, 폭염이 물 부족 사태에 심각성을 더했습니다.

세계기상기구WMO는 2021년 보고서를 통해 기후변화로 전 세계 강수량이 변하고 있고, 이 변화는 세계의 식량 안보와 보건 상황에 큰 영향을 미칠 것이라고 밝혔습니다. 지난 2000년 이후 홍수로 인한 재해는 134%, 가뭄으로 인한 재해는 29% 증가했습니다. WMO는 물과 관련한 재해가 증가하면서 2050년에는 50억 명 이상이 물 부족을 겪을 수 있다고 전망하기도 했어요.

자선 단체 워터에이드가 밝힌 내용에 따르면 이미 2016년에 전 세계 인구의 절반이 넘는 40억 명이 물 부족에 직면했습니다. 세계보건기구 WHO도 세계 인구의 16명 중 한 명은 더러운 물을 마실 수밖에 없다고 발표했습니다. 물 부족 사태는 사람들의 건강을 위협하고 심한 경우 생명을 앗아가기도 합니다. 특히 어린이나 신생아에게는 더 치명적입니다.

물 부족은 미국의 아몬드 농가처럼 농업에도 영향을 미칩니다. 물이 부족하면 농작물이 자랄 수 없다는 건 상식이지요. 하지만 반대로 비가 너무 많이 와도 농작물 피해가 늘어납니다. 2020년 한국에서는 54일 동안 내린 비로 인해 과일과 배추, 무, 고추 등 농작물 수확량이 감소하고 가격이 크게 오르는 일이 벌어졌습니다.

농작물의 생산량이 떨어지면 공급되는 양이 줄어들고 가격이 오르게 됩니다. 일부 사람에게는 가격이 크게 문제가 되지 않을 수 있지만, 그보다 더 많은 사람이 비싼 식량 가격을 감당해야 해서 경제 상황에 어려움을 겪을 수 있지요.

홍수나 태풍, 가뭄은 농작물과 가축에게 질병을 가져오기도 합니다. 병충해가 늘면 당연히 농작물과 가축 모두 질병에 시달리게 되고, 이는 결국 식량 생산이 줄어드는 원인이 됩니다.

아프리카에 사막메뚜기 떼가 출현하여 주변의 곡식을 모두 앗아간 것도 비슷한 사례라고 할 수 있어요. 에티오피아는 사막메뚜기 떼로 인해 20만 헥타르가 넘는 지역이 피해를 봤고, 곡식 생산량은 약 35만 6천 톤 정도 감소한 것으로 추정됩니다.[9]

2020년 월드와이드Concern Worldwide는 「세계에서 가장 배고픈 10개국」이라는 보고서를 냈습니다.[10] 대표적인 나라는 아프리카 차드입니다. 차드는 기후변화로 인해 식량이 부족한 상황에서 난민이 유입되면서 그 상황이 더 심각해졌습니다. 5세 미만 유아 사망률의 12%가 굶주림 때문이라고 합니다. 마다가스카르도 식량 문제가 심각한 나라 중 하나입니다. 영양이 부족한 사람들이 42%나 될 만큼 심각하지요.

여기에 더해 UN세계식량계획WFP은 케냐, 콩고, 예멘, 베네수엘라, 아프가니스탄 등 30여 개국에서 식량 부족이 심각한 상태라고 밝혔습니다. 전 세계에서 식량 부족으로 고생하는 인구는 약 8억 1천 명에 이르는데, 대부분 아프리카와 아시아 지역입니다. 케냐의 경우 기후변화와 물 부족으로 농작물을 재배하고 가축을 키우는 데 어려움이 생기면서 식량 부족이 심각합니다. 콩고민주공화국에서는 국민의 1/3인 2천7백만 명이 극심한 굶주림에 시달리고 있습니다.

문제는 식량 문제가 앞으로 더욱 심각해질 것이라는 데 있습니다. 홍수와 산사태, 산불이나 화재 등 기후재앙은 가난한 나라들에 더욱 심각한 위기로 다가갑니다. 가난한 나라들일수록 빗물에 의존해 경작하는 농업 방식이나 방목 형태로 가축을 키우기 때문입니다. 기후변화로 인한

---

9 기후위기는 곧 '식탁의 위기'로 찾아온다. 뉴스펭귄. 2021.01.01. https://www.newspenguin.com/news/articleView.html?idxno=3775

10 Concern Worldwide. These Are the World's 10 Hungriest Countries in 2021. 2021.10.12. https://www.concern.org.uk/news/these-are-worlds-10-hungriest-countries-2021

영향을 매우 직접적으로 받고 이것이 생산량 급감으로 이어지는 것이지요.

지금은 가난한 나라들에 식량 위기가 몰려 있지만, 앞으로 기후위기가 더 심각해지면 돈이 있어도 식량을 구할 수 없는 사태가 벌어질 수 있습니다. 식량 자급률이 낮은 한국도 예외는 아닙니다.

4
지구 온도 상승의 영향
– 분쟁과 안보

분리배출의 기본 원칙, '비행분석'을 기억하세요. 비우고 헹구고 분리하고 섞지
않기!

배가 많이 고픈 날 옆에 있는 친구가 맛있는 것을 들고 있다면 어떨까요? 같이 나눠 먹자고 부탁하겠지요. 하지만 친구가 그럴 생각이 없다면 많이 힘들 겁니다. 참기 어려울 정도로 배가 많이 고프면 빼앗고 싶은 생각까지 들 수도 있을 거예요. 기후위기로 인해 분쟁이 생기고 국가 안보 문제가 발생하는 것은 이런 이유 때문입니다.

2015년 127명이 사망한 프랑스 파리 테러의 동기를 제공한 시리아 내전은 가뭄에서 비롯되었습니다. 시리아 내전의 시작은 한 초등학생의 죽음이었지만, 전쟁이 확대된 원인은 가뭄과 물 부족입니다. 시리아에서 농업이 가능한 지역은 국토의 약 25%인데, 2006년부터 2010년까지 심각한 가뭄으로 무려 60%의 땅이 사막으로 변했습니다.

2010년에 이르자 시리아의 소 중 80%가 가뭄으로 인해 죽었습니다. 농민들은 실업자로 변했고, 일을 찾아 도시로 몰려든 농민의 수가 무려 150만 명에 달했습니다. 시리아 정부가 국제 사회에 도움을 청했으나 효과가 없자 농민들이 정부에 반기를 들기 시작했습니다.

기온이 1도 상승할 때마다 무력 분쟁의 가능성은 10~20% 증가한다고 합니다. 2030년에는 분쟁으로 사망하는 사람이 39만 3천 명에 이를 것이라는 전망도 있습니다. 이뿐만이 아니라 기후 난민도 매우 심각한 문제입니다. 자연재해나 기후 분쟁으로 삶의 터전을 잃고 이주하는 사람의 수가 계속 증가하면서 전쟁으로 인한 난민의 수보다 많아질 것으로 예측하기도 합니다.

국제이주기구IOM는 제15차 UN 기후변화협약UNFCCC 당사국총회에서 "2050년에는 기후변화로 인해 최대 10억 명의 난민이 발생할 것"이라고 밝혔습니다. 해수면 상승, 물 부족, 태풍 등 기후 재난으로 인해 살던 곳을 떠나야만 하는 기후 난민들이 전 세계 인구의 10%나 될 것이라는 예상입니다.

「2020년 강제 이주에 관한 글로벌 보고서」에서는 기후 재난으로 인해 많은 난민이 발생하고 있다는 사실을 다루면서, 2019년 한 해 동안 140개 국가 및 지역에서 약 2천5백만 명의 기후 난민이 발생했다고 보고했습니다.[11]

IPCC가 발표한 6차 보고서처럼 2100년에 104cm나 해수면이 상승하게 된다면 뉴욕이나 상하이, 베네치아 등은 물에 잠깁니다. 전 세계 인구의 41%가 해안가에 살고 있고 인구 천만 명 이상의 대도시 2/3가 해안가에 위치한다는 점을 생각하면, 지구 온난화로 인한 해수면 상승은 엄청난 난민이 발생할 수 있음을 예고하고 있습니다.

지금은 남태평양의 섬나라가 가장 먼저 그 위기에 처했습니다. 키리바시나 몰디브와 같은 도서 국가들은 2050년 무렵이면 국가 자체가 바

---

11 IDMC. Global Report on Internal Displacement. 2020

다에 가라앉을 수도 있습니다. 가뭄이나 홍수, 허리케인, 산불 등도 기후
난민을 만드는 큰 원인입니다.

5
지구 온도 상승의 영향
– 감염병의 증가와 건강 위기

환경미화원 한 명이 수거하는 음식물 쓰레기는 하루 3,600kg이나 된다고
합니다. 우리, 음식을 남기지 않도록 노력해요.

코로나19가 전 세계를 휩쓸고 있습니다. 놀라운 사실은 코로나바이러스가 기후변화와 연관되어 있다는 연구 결과도 있다는 것입니다. 인간들의 생태계 파괴로 인해 온실가스가 증가했고, 기후변화로 인한 산불이나 가뭄, 홍수와 같은 이상 기후 현상은 야생 동물의 서식지를 위협했습니다. 서식지가 사라진 동물은 점점 사람들과 가까워지고, 바이러스를 옮길 확률도 높아집니다.

1998년에 발생한 뇌염의 일종인 니파바이러스는 숲에 살던 과일박쥐가 산불로 서식지가 파괴되자 돼지 농가를 오가게 되면서 돼지와 사람에게 바이러스를 옮긴 것으로 보고 있습니다. 에볼라는 박쥐에게서 옮겨왔고, 조류인플루엔자는 새에게서 옮겨왔습니다.

감염병의 원인 중 큰 비중을 차지하는 것이 바로 이런 매개 감염입니다. 앞서 말한 코로나바이러스나 조류인플루엔자 같은 바이러스들은 야생 동물이 옮기는 대표적인 인수공통감염병입니다.

기후변화로 야생 동물의 서식지가 줄어들고 인간과의 접촉이 늘면서 감염 확률이 증가합니다. 동물에게만 있던 바이러스가 면역이 없는 인간에게 감염되면서 건강에 심각한 위협이 되는 것입니다.

모기와 같은 곤충에 의한 감염병도 있습니다. 곤충에 사는 바이러스나 세균과 같은 기생 매개체가 인간에게까지 옮겨 가는 것입니다. 기후변화는 이런 매개체가 살기 좋은 환경을 만들고 번식을 활발하게 해 빠르게 확산합니다.

모기가 많아지면 사람에게 옮기는 병도 증가하겠지요. 더운 나라들에 많은 말라리아, 지카바이러스, 뎅기열 등은 지구 온도가 상승하면서 더 잘 증식하게 되었습니다. 뎅기열은 현재 한국에서 발생하지 않지만, 지구 온도가 상승하면 가까운 미래에는 충분히 국내에서도 나타날 가능성이 있습니다.

이 외에도 홍수나 가뭄, 태풍 등으로 물이 오염되면서 생기는 수인성 감염병이 있습니다. 콜레라나 장티푸스 같은 세균성 감염병이 그 예입니다.

기후변화는 이렇게 감염병을 발생시켜 건강에 위협이 되는 경우도 있지만, 다른 방식으로 건강을 위협하기도 합니다. 바로 열사병이나 일사병과 같은 온열 질환이 대표적입니다. 자연재해나 극단적 이상 기후로 인해 사망하거나 다치는 경우도 많습니다.

미국 정신의학회 보고서에 따르면, 2005년 미국 뉴올리언스에서 허리케인 카트리나가 발생한 이후 자살을 생각하거나 시도한 사람의 수가 두 배 이상 증가했다고 합니다. 주민 가운데 50%가 불안감이나 우울증에 시달리기도 합니다.

미 동부에서는 2012년 허리케인 샌디 발생 후, 지역 주민의 15%가 외상성 스트레스 증후군을 경험했다고 합니다. WHO도 보고서에서 질 나쁜 공기, 가뭄, 폭염 등이 정서적 스트레스와 불안을 불러일으킨다고 밝혔습니다. 그러면서 앞으로 20년 내 우울증 같은 정신 질환이 에이즈나 암보다 더 큰 사회적 문제가 될 수도 있다고 내다봤습니다.

6
지구 온도 상승의 영향
– 인권[12]

'나 한 사람 쯤이야'보다는 '나 한사람이라도'라는 긍정적인 생각을 가지고
적극적으로 목소리를 내요. 변화는 작은 것에서부터 시작되니까요.

얼마 전까지만 해도 기후변화는 주로 빙하가 녹고 있다거나 북극곰이 먹이 활동을 할 수 없다거나 곤충이 멸종된다거나 하는 등의 문제로 이야기했습니다. 하지만 기후위기가 심각해지고 에너지와 식량, 물, 건강, 주거 등 사람들에게 끼치는 악영향이 커지면서 인류의 문제로 인식되기 시작했습니다.

2019년 12월 세계 인권의 날에 미첼 바첼레트 UN 인권최고대표는 "기후위기는 2차 세계 대전 이래 최악의 인권 위협"이라고 표현했습니다. 기후위기로 인한 피해가 인간의 기본적인 권리를 해칠 수 있다는 경고의 말이었습니다.

지금까지 기후위기를 자연 현상에 미치는 영향으로 생각해 왔다면 이젠 인권과 생존의 문제로 보아야 합니다. 기후위기는 세계적으로 나타나는 불평등을 더 확대하고 악화시킵니다. 기후위기는 선진국보다는 개도국이나 섬나라에게, 부자들보다는 빈곤층에게, 성인 남성보다는 어린이나 여성에게, 기성세대보다는 청소년에게 더 가깝고 빠르게 나타납니다. 기후위기를 알고 있으면서도 제대로 대응하지 않는 세계 각국 정부가 사실상 가장 크게 인권을 침해하고 있는 것입니다.

인간이라면 누구나 안전하고 행복하게 살기를 원합니다. 그를 위해서는 생명과 건강을 지킬 수 있어야 하고, 물과 식량을 안정적으로 공급받아야 하며, 필수적으로 사용할 에너지가 있어야 합니다. 그리고 안전

---

12 기후변화가 인권에 미치는 영향. 국제앰네스티. https://amnesty.or.kr/campaign/climate_crisis/

하게 살 주거 공간도 필요합니다. 그런데 기후위기는 이 모든 것을 뒤흔들 수 있습니다.

기후 재난은 수많은 사람의 생명을 앗아가고 있습니다. 폭염이나 태풍, 산불과 산사태 등은 수만 명의 목숨을 위협하고 있지요. WHO는 2030~2050년 사이에 기후변화와 관련하여 매년 25만 명이 사망할 것으로 예측합니다.

더불어 질병의 증가와 식량 부족으로 인한 영양실조, 정신적 스트레스 등은 인류의 건강에 크게 영향을 미칩니다. 당연히 어린이나 노약자, 여성 등이 더 크게 영향을 받습니다. 기후 재난으로 인한 여성의 사망률은 남성에 비해 무려 14배나 더 높습니다.

물과 식량의 부족도 인권의 문제로 바라볼 수 있습니다. 이미 10억 명 이상이 깨끗한 물을 구할 수 없는 상황인데, 그들 대부분은 개도국이나 빈곤국 사람들입니다. 수도 시설이 제대로 되어 있지 않은 곳은 자연재해로 인해 물이 오염되는 경우가 많아 질병에도 더 많이 노출되고 있습니다. 식량도 마찬가지예요. 기후위기로 식량이 부족한 국가나 사람들은 대부분 빈곤합니다.

스웨덴의 청소년 활동가 그레타 툰베리는 영국 글래스고에서 열린 제26차 UN 기후변화협약 당사국총회COP26를 연기해야 할 것을 주장하며 자신 역시 참석하지 않겠다고 밝힌 바 있습니다. 코로나 백신 불평등이 그 이유 중 하나였습니다. COP26 회의에 참석하려면 백신을 맞아야 하는데, 취약 국가일수록 백신 접종률이 낮아 회의에 참여할 수 없음을 우려한 것입니다.

실제로 이상 기후와 기후 재난으로 사회가 혼란스러울 때 피해가 큰 사람들일수록 피해를 지원하고 해결할 권한에서 배제될 가능성이 큽니다. UN에서도 기후위기 문제의 뒤에는 불평등한 권력 문제가 숨어 있다는 사실을 경고하고 있습니다.

3
모든 소비에 따라오는 온실가스

지구를 덥게 하고 기후위기를 일으키는 물질은 온실가스입니다. IPCC는 2021년 발행한 제6차 보고서에서 1950년 이후 나타난 지구 온난화가 화석 연료의 사용 등 인간 활동 때문이라고 결론지었습니다. 인간 활동의 거의 대부분에서 온실가스가 발생한다는 의미입니다.

제3차 UN 기후변화협약 당사국총회에서는 이산화탄소(CO_2), 메탄(CH_4), 아산화질소(N_2O), 수소불화탄소(HFCs), 과불화탄소(PFCs), 육불화황(SF_6)을 6대 온실가스로 지정했습니다.

온실가스란 무엇인지 좀 더 자세히 알아봅시다.

온실가스가 뭐예요?

인구의 3.5%가 변화를 요구하고 참여한다면 세상을 바꿀 수 있습니다. 나도 3.5%의 한 명으로 기후행동에 함께 참여해 보는 건 어떨까요?

온실가스를 대표하는 것은 이산화탄소로 전체 온실가스 배출량의 약 80%, 온실 효과 기준으로 65%의 비중을 차지합니다. 이산화탄소는 같은 농도의 메탄이나 아산화질소보다 온실 효과를 일으키는 힘은 약하지만, 다른 기체에 비해 양이 월등히 많기 때문에 온실 효과에 미치는 영향이 가장 큽니다.

이산화탄소 농도는 꾸준히 증가하여 1800년대에 약 280ppm이던 것이, 2007년 약 384ppm, 2020년에는 약 413ppm으로 상승했습니다. 굉장히 빠른 속도로 이산화탄소 농도가 올라가는 것을 알 수 있지요.

산업화와 함께 대기 중에서 증가하고 있는 이산화탄소는 석탄이나 석유, 가스와 같은 화석 연료의 과도한 사용이 원인입니다. 그중에서도 탄소의 함량이 많은 석탄이 이산화탄소를 가장 많이 배출합니다.

산업화 초기에는 석탄도 자동차와 같은 동력 기관의 연료로 사용했지만, 지금은 주로 전력을 생산하는 데 많이 사용하고 있습니다. 우리나라처럼 석탄 화력 발전을 많이 하는 나라에서 이산화탄소 배출이 많은 이유입니다.

다음으로 온난화에 영향을 미치는 온실가스는 메탄으로, 같은 농도의 이산화탄소보다 21배나 온실 효과를 일으키는 힘이 큽니다. 메탄은 습지에서 주로 발생하는데 유기물이 미생물에 의해 분해되는 과정에서 많이 만들어집니다. 초식 동물의 소화 과정에서도 상당한 양이 발생합니다.

산업 혁명 이후로는 석탄 사용, 가축의 사육, 벼농사나 바이오매스 연소(나무, 짚, 농축산 폐기물 등을 연소하여 재생 에너지로 활용하는 것) 등에서 발생이 증가하고 있습니다. 음식물 쓰레기나 다른 쓰레기가 썩을 때 배출되기도 합니다. 최근에는 영구동토층이 녹으면서 그 안에 갇혀 있던 메탄이 방출될 우려도 커지고 있습니다.

아산화질소는 비료의 사용이나 생태 소각 등을 원인으로 발생합니다. 또 하나의 온실가스인 육불화황은 반도체를 생산할 때 많은 양이 나옵니다. 그 외에도 냉장고나 에어컨의 냉매에 사용되는 수소불화탄소나 반도체 세척이나 소화기 등에 사용되는 과불화탄소 등이 있습니다.

이런 온실가스가 우리 생활 속 어디에서 발생하는지 좀 더 살펴봅시다.

2

전등만 켜도 나오는 온실가스

우리가 편리하게 쓰고 버리는 물티슈는 종이가 아니라 플라스틱입니다. 물티슈 대신 손수건, 행주, 걸레를 사용하는 것이 건강과 환경에 이로워요.

아침 7시, 초록이가 기지개를 켜며 하루를 시작합니다.

눈을 비비고 일어나 가장 먼저 하는 일은 화장실에 가는 것입니다. 전등을 켜고 수돗물을 틀고 따뜻한 물로 세수합니다. 주방에는 부모님이 아침 식사를 준비하고 계시지요. 전기밥솥에서 밥이 다 되었다고 알려 주면 냉장고에 있던 간단한 반찬을 꺼내 아침밥을 먹습니다.

추운 날씨에 옷깃을 여미고 학교에 도착하니 온열기의 따뜻한 바람이 맞아 줍니다. 오늘은 초록이가 좋아하는 컴퓨터 수업이 있는 날이라서 더 즐겁습니다. 집에 돌아가면 오늘 배운 코딩으로 만든 작은 게임을 가족들에게 보여 주면서 같이 해 보자고 이야기할 생각에 기분이 좋습니다.

초록이의 하루를 간단하게 기록한 것입니다. 아침에 일어나서 학교에 갈 준비를 하고, 식사하고, 수업할 때도 내내 전기 에너지를 사용하고 있네요. 전등을 켤 때, 냉장고를 열 때, 온열기를 켤 때, 게임을 할 때 등 하루 중 전기 에너지를 사용하지 않는 시간이 거의 없을 정도입니다.

우리는 필요한 곳에서 필요한 만큼 전기 에너지를 사용할 수 있습니다. 또 언제 어디서건 전기 에너지를 사용하는 기기를 볼 수 있습니다. 전기는 이미 우리 생활에서 없어서는 안 될 존재가 되었지요.

하지만 우리는 이렇게 편리하게 사용하는 전기가 바로 기후위기의 주범인 온실가스를 발생시킨다는 사실을 잊고 삽니다. 우리나라에서 사용하는 전기는 주로 석탄발전소에서 만듭니다. 한국의 발전량 중에서 석탄 전기는 2019년 기준 약 51%로 가장 많은 양을 차지합니다.

문제는 바로 여기 있습니다. 석탄과 천연가스는 대표적인 화석 연료로, 전기를 만들기 위해 태우면 이산화탄소가 발생합니다. 한국에서 발생하는 온실가스 중 석탄발전소에서 나오는 것이 무려 25%나 된다고 합니다.

한국에서는 2020년 기준 13개 부지에 총 61기(3만 540.7MW)의 석탄화력발전기가 가동되고 있고, 건설 중인 것도 7기나 됩니다.[13] 2000년도만 하더라도 전체 발전량의 35%였던 석탄 발전이 꾸준히 늘어난 것입니다. 한국 정부는 노후 석탄화력발전소 10기를 폐쇄하겠다고 했지만, 건설 중인 7기를 포함하면 결국 2030년이 되었을 때 석탄화력발전량은 오히려 더 늘어나게 됩니다.

국제적으로도 주요 석탄 수출국인 호주와 제조업 강국인 독일을 제외하면 한국의 석탄 화력 발전 비중은 다른 선진국들에 비해 매우 높은 편이에요. 더구나 한국은 국내 석탄발전소 운영과 건설뿐만 아니라 해외 투자도 하고 있습니다.

기후위기 시대에 전 세계가 힘을 합쳐 석탄 투자를 중단해야 한다고 목소리를 내고 있지만, 한국은 지난 10년간 약 11조 원을 해외 석탄 발

---

13 한국전력공사. 한국전력통계 제90호. 2021

전 산업에 투자했습니다. 국내 석탄 발전 비중도 높고 해외 투자도 한다는 이유로 결국 기후 악당 국가라 불리게 되었습니다.

석탄화력발전소는 한 번 건설하면 약 40~50년 동안 가동하게 됩니다. 그 기간 내내 계속 탄소를 배출하게 된다는 의미입니다. 전 세계가 노력하고 있는 석탄 퇴출과는 정반대 방향으로 가고 있는 셈이에요.

석탄 말고 다른 에너지원으로 만드는 전기는 없냐고요? 물론 석탄 발전 말고도 천연가스 발전, 핵 발전 등으로도 전기를 만들고 있습니다. 천연가스 발전이나 핵 발전은 전체 발전량 중에서 각각 25% 정도를 차지합니다.

하지만 천연가스 발전 역시도 화석 연료를 사용하는 것이어서 석탄 발전보다는 적지만 결국 탄소를 배출하는 발전소입니다. 핵 발전은 화석 연료를 태우는 발전소는 아니지만, 원료가 되는 우라늄을 채굴하여 운반하고 원료로 사용하기 위해 가공하고 또 폐기하는 과정 모두에서 탄소가 발생합니다.

전기를 사용하는 곳은 매우 많습니다. 자동차나 휴대폰을 만드는 공장, 호박이나 딸기를 키우는 비닐하우스, 높다란 회사 건물, 병원이나 학교, 지하철과 기차, 데이터를 관리하는 센터 등등. 우리 사회 곳곳에서 전기 에너지를 사용하고 있습니다. 이러니 우리가 전기를 사용하는 매 순간 탄소를 배출하게 되는 것입니다.

2019년 통계를 보면 산업용으로 54%, 상업용으로 33%, 가정용으로

15%의 전기를 사용했습니다. 전기를 많이 사용하는 기업 30개가 사용하는 전력량을 합하면 약 75GWh로, 전체 가정에서 사용하는 전력량인 72.6GWh보다 많습니다.[14] 그러니 전기를 생산하고 소비할 때 배출하는 탄소를 줄이기 위해서는 가정이나 개인의 변화도 중요하지만, 전기를 많이 사용하는 기업이 훨씬 더 많은 책임감을 가지고 변화해야 합니다.

---

14 전력소비 상위 30개사, 가정보다 전기 더 쓰고 5925억 덜 내. 아시아경제. 20.10.07. https://cm.asiae.co.kr/article/2020100708042805658

청년 기후 활동가들이 녹색 페인트를 부은 이유

2021년 2월, 두 명의 청년 활동가가 △△중공업 본사 건물 앞에 섰습니다. 그들은 기업의 로고 조형물에 녹색 페인트를 뿌리고 '최후의 석탄발전소 내가 짓는다!'라고 쓴 현수막을 들었습니다.

△△중공업은 한국전력이 인도네시아와 베트남에 짓고 있는 석탄화력발전소의 건설을 담당하고 있는 회사입니다. 이 청년들은 기후위기가 심각한데도 국내뿐만 아니라 해외에까지 석탄발전소를 짓는 정부와 그것을 이용하는 기업에 일침을 가하고 싶었다고 합니다.

3
우리가 사는 집에서도 탄소가 나와요

8월 22일은 '에너지의 날'입니다. '불을 끄고 별을 켜다' 캠페인에 참여하여
에너지도 절약하고 가족들과 대화를 나누는 시간을 가져 보세요.

2021년 9월, 스웨덴에 있는 도시 셸레프테오시에는 높이 80m에 달하는 20층짜리 건물이 들어섰습니다.[15] 이 건물의 이름은 '사라 문화센터'로, 나무로 지은 건물 중 세계 2위의 높이를 자랑합니다. 바닥에서 지붕까지 인근 지역의 소나무와 가문비나무를 사용하여 지었습니다. 나무로 만든 건물이지만 콘크리트로 지은 건물보다 훨씬 튼튼해서 최소 100년은 사용할 것으로 예측한다고 하네요.

갑자기 나무로 지은 건물 이야기를 하는 이유는 바로 건물에서도 온실가스가 나오기 때문입니다. UNEP는 2019년에 건물·건설 부문에서 배출한 이산화탄소의 양이 약 10Gt으로 역대 최고치라고 발표했습니다.[16] 전 세계 에너지 관련 이산화탄소 배출량 전체의 38%나 차지한 것이지요.

건물에서는 조명이나 냉난방, 엘리베이터 사용과 같이 석유와 가스, 전기 등의 에너지를 사용합니다. 또 건물을 건설하는 데 필요한 철근과 콘크리트 생산, 중장비 사용 등의 과정에서 많은 에너지를 사용하게 되지요. 그 과정에서 온실가스가 발생하는 겁니다.

특히 석탄이나 석유, 바이오매스 등을 직접 사용하던 건물에서 이제는 전기를 사용하는 방식으로 바꾸어 가고 있기 때문에 건물의 온실가

---

15 나무로 쌓아 올린 20층짜리 빌딩, 이산화탄소 9000톤 머금다. 한국일보. 2021.10.30. https://m.hankookilbo.com/News/Read/A2021102901030005012

16 건물에서 배출하는 이산화탄소, 전체의 38% 차지…사상 최고. 한겨레. 2020.12.16. https://www.hani.co.kr/arti/science/science_general/974603.html

스 배출은 계속되고 있습니다.

이제 전 세계는 건물의 건축 방법을 바꾸거나 건물을 효율화하려고 노력하고 있습니다. 앞서 말한 스웨덴의 사라 문화센터도 건물을 지을 때 시공에서 완공까지 탄소 배출을 최대한 적게 하려는 노력을 기울였습니다. 지역의 목재를 사용하여 재료 운반을 위한 트럭 사용을 줄인 것이 대표적인 예입니다.

재료 역시 철근 콘크리트가 아니라 목재를 사용하면서 탄소 배출량을 크게 줄였습니다. 나무는 1m³당 1t의 이산화탄소를 저장할 수 있는데, 이 건물은 무려 약 9천t을 저장할 수 있습니다.

이뿐만이 아닙니다. 냉난방 등에 사용되는 에너지는 지붕에 설치한 태양광 발전과 수력, 풍력 에너지를 동시에 사용합니다. 그러면서 건물에서 배출하는 탄소보다 오히려 탄소를 흡수하는 '탄소 네거티브' 빌딩이 되었습니다.

건물에서 발생하는 온실가스를 줄이기 위해서는 건물에서 사용하는 에너지를 재생 에너지로 생산할 수 있도록 설계하고 에너지 사용을 최소화할 수 있도록 시스템을 만드는 것이 중요합니다. 또 건물을 지을 때 탄소 배출을 줄이는 자재를 사용하는 것도 중요합니다.

또 하나 놓치지 말아야 할 것은 건설 과정 자체에서 줄여 가려는 노력입니다. 우리나라의 경우 건설업에서 사용한 에너지의 양은 1990년

1백3십6만TOE에서 2010년 2백6십5만TOE로 약 2배 가까이 증가했습니다.[17] 도로나 건물의 건설 개수가 늘어나면 온실가스 발생이 많아짐과 동시에 생태계 파괴와 같은 환경적인 악영향이 많아집니다. 건설 공사로 인해 온실가스 발생은 많아지는데, 탄소를 흡수하는 나무나 숲은 오히려 줄어들게 되기 때문이지요.

건물과 건설 부문의 이산화탄소 배출량을 줄이기 위해서 필요한 건설 방법이 무엇인지 살펴보고, 건물을 건설할 때 사용하는 에너지를 줄이는 게 중요합니다. 그리고 건물에 필요한 전력 부문의 탄소 배출을 없애거나 줄일 수 있는 자재를 사용하는 등의 노력이 필요합니다.

2019년 세계의 건물 에너지 효율을 높이기 위한 시장 규모는 전년보다 조금 늘어 1천5백20억 달러까지 증가했습니다. 전체 건물과 건설 부문의 투자금이 5조 8천억 달러나 되는 데 비하면 매우 적은 금액이지만, 건물의 효율화에 투자가 필요하다는 신호로 볼 수 있을 것입니다.

---

17 정영선, 문선혜, 조수현. 건설부문의 온실가스 배출량 산정 및 배출 특성 연구. Journal of Climate Change Research. 한국기후변화학회. 2021. vol 12

노원 에너지 제로 주택

서울시 노원구에는 특별한 주택 단지가 있습니다. 바로 에너지 제로 하우스입니다. 이지EZ-ENERGY ZERO 하우스라고 부르기도 합니다.

에너지 제로 주택이란 여러 가지 기술을 활용하여 에너지의 낭비를 최소화하고 태양광이나 지열 시스템 등 재생 에너지를 이용하여 에너지 비용을 제로(0)로 만드는 건축물입니다. 이 단지에는 아파트와 연립 주택 그리고 단독 주택 등 다양한 형태의 주택에 총 121세대가 살고 있습니다.

에너지 제로 하우스에서도 난방, 냉방, 급탕, 취사, 환기 등 전기가 필요한 모든 곳에 전기 에너지를 사용합니다. 그러나 그 전기는 화석 연료를 사용하지 않고 재생 에너지로 공급합니다.

주택의 벽은 외단열이나 삼중 유리창 등으로 공사하여 집 밖의 열은 차단하고 집 안의 열은 밖으로 새어 나가지 않도록 합니다. 열회수 환기 장치를 통해 여름철에는 26도, 겨울철에는 20도 정도로 실내 온도를 유지합니다. 이로써 주택 자체에서 사용하는 에너지를 최소화하는 것입니다.

이런 것을 패시브passive 기술이라고 하는데, 노원 에너지 제로 주택은 이 기술로 에너지 소비량을 61%가량 줄였습니다. 그 후 필요한 에너지는 태양광이나 지열 등 재생 에너지를 통해 얻습니다.

노원 에너지 제로 주택에서 또 눈에 띄는 것은 세대마다 가꾸고 있는 텃밭입니다. 기후위기 시대에 중요한 것 중 하나가 먹거리이고 또 녹지입니다. 도시 한가운데 위치한 주택 단지에 숲을 가꾸기는 어렵지만 조그마한 텃밭을 가꿈으로써 먹거리의 소중함과 자연이 주는 푸르름의 소중함을 함께 느껴 나가는 것입니다.

기후위기에 따라 혹한과 폭염이 반복되면 에너지를 적게 쓰면서도 재난에 안전한 주택의 필요성이 더 높아질 것입니다. 패시브 하우스와 제로 에너지 주택이 기후위기 시대에 더 필요한 이유입니다.

4

옷을 구매한 당신, 온실가스를 배출했습니다

각종 청소년, 어린이 기자나 리포터에 지원해 보세요. 직접 기후위기 관련
현장을 취재하고 사진이나 영상으로 소식을 전하는 것도 멋진 기후행동입니다.

2021년 10월 프랑스에서 열린 한 명품 브랜드 패션쇼장에 현수막을 든 사람이 나타났습니다. 그가 수많은 모델 사이에서 들었던 현수막에는 '과소비=멸종'이라고 적혀 있었지요. 패션쇼와 과소비, 그리고 멸종. 언뜻 보면 관계가 없어 보이는 이 말을 조금 깊게 들여다볼까요?

우리가 입고 있는 옷의 성분을 확인해 봅시다. 면, 모, 아크릴, 폴리에스터 등이 라벨에 적혀 있을 겁니다. 이 중 플라스틱이 들어간 옷감으로는 아크릴, 폴리아마이드, 폴리에스터가 있어요. 특히 폴리에스터는 70% 이상이 플라스틱으로 이루어져 있는데, 패스트패션 업계의 경우 60%가 넘는 의류에 폴리에스터를 사용합니다.

플라스틱이 들어간 옷감으로 옷을 하나 생산할 때마다 면섬유를 사용할 때보다 세 배나 많은 탄소가 배출됩니다. 이런 상황이다 보니 옷은 생산부터 폐기까지 전 과정에서 연간 120억t, 즉 전 세계 온실가스의 10%를 배출하고 있습니다. 2030년까지 패션 산업의 온실가스 배출량은 50% 이상 급증할 것으로 전망합니다.

영국에서 결성된 국제적인 빈민구호단체인 옥스팜의 보고에 따르면, 영국에서 한 달 동안 새 옷을 소비하면서 배출한 온실가스의 양은 비행기가 전 세계를 900회 돌며 배출한 온실가스 양보다 많았습니다. 흰색 면 티셔츠 한 장을 만드는 데 발생하는 온실가스가 약 60km를 자동차로 달릴 때 나오는 양과 같을 정도입니다.

여기에 더하여, 의류 산업에서 사용하는 물의 양은 한 해 1조 5천억L 에 달한다고 합니다.

옷은 온실가스만 배출하는 것이 아닙니다. 폴리에스테르와 같이 플라스틱이 포함된 옷은 세탁할 때나 폐기할 때 모두 미세플라스틱이 나옵니다. 세탁기를 한 번 돌릴 때마다 수많은 미세플라스틱 입자가 하수구를 통해 바다로 흘러갑니다. 깨끗한 옷을 입기 위한 행동이 바다를 오염시키고 있다니 기가 막힌 일입니다.

세계자연보호연맹은 미세플라스틱 오염의 약 35%가 합성섬유 제품을 세탁할 때 발생한다고 밝혔습니다. 게다가 우리가 버린 옷은 대부분 소각하거나 매립하게 되는데, 그 과정에서 이산화탄소와 같은 온실가스와 다이옥신 같은 유해 물질도 발생합니다.

버리지 않고 의류 수거함에 넣은 옷은 어떻게 될까요? 우리는 당연히 깨끗하게 입고 수거함에 넣은 옷을 누군가 다시 잘 활용하고 있을 것이라고 기대합니다. 하지만 실제로 재활용되는 비율은 약 5%에 불과하고 대부분은 개발도상국 등으로 보내져 다시 버려집니다.[18] 그 양이 해마다 8만t이 넘는다고 하니 어마어마한 양입니다.

업계에선 현대 의류의 수명을 2~10년으로 예측합니다. 속옷이

---

18 '옷은 많은데 입을 게 없다'는 당신, 이걸 꼭 봅니다. 국민일보. 2021.10.16. https://m.news.nate.com/view/20211016n00127

1~2년, 수트와 코트는 4~6년 정도라고 합니다. 옷이 버려지는 이유는 대부분 헤어지고 닳아서가 아니라 유행이나 취향이 바뀌었기 때문입니다.

심지어 버려지고 소각되는 옷 중에는 팔리지 않은 새 옷도 많습니다. 매 시즌 유행이 바뀌는 패션업의 특성 때문에 계절마다 새로운 디자인의 상품이 생산됩니다. 그러면서 지난 시즌에 팔지 못한 옷은 태워 버리는 것입니다.

2018년 한 명품 브랜드는 팔리지 않은 상품 422억 원어치를 태우기도 했답니다. 지난해 만든 상품의 가격을 내려 판매하거나 재고로 남기면 브랜드 가치가 떨어지지 않을까 걱정했기 때문입니다.

옷에서 발생하는 온실가스를 줄이기 위해서는 옷의 수명을 늘리는 것이 중요합니다. 유행이나 취향으로 옷의 수명을 결정하는 것이 아니라 옷을 만들기 위해 사용한 자원이 그만큼의 사용 가치를 다할 수 있을 만큼 사용하는 것입니다.

무엇을 입든 간에 그것이 기후위기의 원인이 된다는 것을 생각한다면 조금씩 바꿔나갈 수 있을 것입니다. 패션쇼장에 등장한 '과소비=멸종'이 우리의 미래가 되지 않도록 말이죠.

기대해 패션쇼, 들어 보셨나요?

2021년 7월 서울 ○○디자인플라자에서 '시민과 함께하는 기후위기 대응해요(기대해) 패션쇼'가 열렸습니다. 이 패션쇼는 서울시 녹색위원회가 주최한 행사로 패션의 환경적 문제에 관심이 많은 사회적 기업 등 14곳에서 150여 점의 옷, 신발, 가방 등을 협찬하여 이루어졌습니다.

이번 패션쇼에 시민 모델들이 입고 나온 옷은 명품 브랜드의 옷이 아닙니다. 여름철 간편한 옷차림인 '시원 차림'과 페트병을 재활용해서 만든 섬유 의류, 오래되었지만 수리·수선하여 사용하고 있는 중고 의류, 면이나 선인장, 닥나무 잎을 가공하여 만든 자연소재 의류 등입니다. 모두 기후위기에 대응하는 데 긍정적인 역할을 하는 것들입니다.

모델들은 기후위기에 대응하는 소품들도 적극적으로 활용했습니다. 한지 부채, 텀블러, 가벼운 샌들, 물려받은 가방 등이 그것입니다.

    2020년 1월 기후 운동가 그레타 툰베리는 "새 옷을 사지 않겠다"고 선언했습니다. 그러면서 주변에 안 입는 옷이 있는지 찾아보고, 또 빌려 입을 수 있는 옷이 있는지도 물어보겠다고 결심을 밝혔습니다.

    최근 옷을 사지 않겠다고 선언하고 실천하는 사람들이 늘고 있습니다. 옷을 사서 입고 버릴 때마다 지구에 부담을 주고 있다고 생각하며 스스로 절제하는 사람들입니다. 새 옷을 사는 대신 있는 옷 최대한 잘 활용하기, 오래 입기, 지인과 바꿔 입거나 나눠 입기, 꼭 필요할 때는 중고 제품 구입하기 등의 방법이 있습니다.

    지금 나의 옷장을 한번 열어 봅시다. 입지 않고 구석에 박혀 있는 옷은 얼마나 되나요? 내가 올해 새로 구매한 옷은 얼마나 되나요? 그 옷은 어떤 소재로 만들었나요?

5

고기를 먹으면 탄소가 많아져

'고기 없는 월요일Meat Free Monday' 캠페인은 영국의 팝밴드 비틀스 멤버인
폴 매카트니가 제안하면서 전 세계에 널리 퍼졌어요. 육식을 줄여
공장식 축산으로 배출되는 온실가스를 줄이자는 데 목적을 둔 운동입니다.

할리우드 영화 「어벤져스」 시리즈는 많이들 보았을 겁니다. 어벤져스 출연진 중에는 동물권이나 건강을 위해 채식을 하는 배우들이 많다고 합니다. 그중에서 헐크 역을 맡은 마크 러팔로는 '고기 없는 월요일' 캠페인에 참여하기도 하는 환경 운동가입니다. 자신의 SNS에 "기후변화에 맞서 싸우는 데 동참하고 일주일에 하루는 고기를 먹지 않겠다고 다짐해 보세요."라는 글을 올리기도 했습니다.

마크 러팔로뿐만이 아니라 전 세계의 환경 운동가들이 육식을 줄이고 채식을 하라고 권하고 있습니다. 바로 고기를 소비하는 데서 발생하는 온실가스의 양이 많기 때문입니다. 식품을 생산하는 과정에서 발생하는 온실가스는 전체 온실가스 배출량의 25% 정도를 차지하는데, 그중에서 80%가 축산업과 관련이 있습니다.

2008년에 이미 UN식량농업기구FAO는 "교통수단이 기후변화에 미치는 영향보다 축산업이 미치는 영향이 더 크다"고 지적하며 축산업은 환경 문제에 가장 심각한 영향을 미치는 요인이라고 평가했습니다.

월드워치연구소도 2009년에 축산업이 전체 온실가스 배출량의 51%를 차지한다는 분석을 내놓으며 "육류를 더 나은 대안으로 대체하지 않고선 기후 관련 위험성을 다룰 방법이 없음을 이제는 이해해야 한다"고 보고했습니다.[19]

---

19 문제는 원전이 아니라 고기! 빌 게이츠도 지적한 '그린뉴딜'의 허구. 주간조선. 2021.03.10. http://weekly.chosun.com/client/news/viw.asp?ctcd=C02&nNewsNumb=002648100003

축산업은 가축이 먹을 사료를 재배하고, 축사의 온도를 유지하고, 가축의 배설물을 처리하고, 도축하고 포장하고 운송하는 모든 과정에서 많은 에너지를 소비하고 온실가스를 배출합니다. 또 가축이 먹이를 소화하는 과정에서 발생하는 메탄도 기후위기의 원인이 됩니다.

결과적으로 축산은 인류가 발생시키는 아산화질소의 65%, 메탄가스의 37%, 이산화탄소의 9%를 배출합니다. 아산화질소는 이산화탄소보다 296배, 메탄은 23배나 온실 효과가 크다는 점은 더 큰 문제입니다.

가축별로도 온실가스 배출량에 차이를 보입니다. 소 한 마리를 사육하는 데 총 3,090~3,406Mt의 탄소가 배출됩니다. 돼지는 381~874Mt, 닭은 374~1,016Mt으로 소고기 생산이 다른 가축에 비해 온실가스 배출이 월등히 많은 것을 알 수 있습니다. IPCC에 따르면 전 세계 사람들이 육식을 중단했을 때 전체 온실가스의 약 22%를 줄일 수 있다고 합니다.

축산업에서 나오는 온실가스 양도 큰 문제지만 또 하나 중요하게 보아야 할 문제가 있습니다. 바로 사료 생산 때문에 나타나는 생태계 파괴입니다. 예전에 아마존 열대 우림은 탄소를 흡수하는 역할을 했지만, 사료 생산을 위해 파괴된 아마존은 이제 탄소를 배출하는 곳이 되었습니다.

소고기 1kg을 생산하는 데 약 7~16kg의 사료가 필요합니다. 육류 소비가 늘어나니 당연히 사료 생산에 필요한 경작지도 많아집니다.

1990년 이후 사라진 열대 우림의 70~90%가 바로 이런 경작지 개간을 위해 불탔고, 지금도 1초에 4천m²의 열대 우림이 사라지고 있습니다.[20]

축산업은 전체 농지의 80%를 사용하지만 거기서 인간이 얻는 열량은 필요한 양의 18%뿐입니다. 인간은 나머지 토지에서 생산되는 작물로 열량을 얻고 있다는 의미입니다. 축산업으로 사용하는 목초지를 줄이고 숲으로 되돌린다면 탄소 흡수량을 늘리고 아산화질소나 메탄을 줄이는 것이 가능합니다.

일반적으로 우리가 쇠고기 1kg을 소비할 때 약 60kg의 온실가스가 발생합니다. 이는 일반 승용차로 약 260km를 달릴 때 발생하는 온실가스의 양과 맞먹습니다. 기후위기를 해결하기 위해서는 에너지 전환이나 교통 정책과 함께 축산업의 전환과 먹거리의 변화 역시 필요합니다. 또한 인간이 배출한 탄소를 계속 흡수하고 있는 땅과 바다의 파괴를 막는 것도 필요합니다.

과거 농업은 땅과 작물과 가축이 서로 순환하는 과정이었습니다. 식물은 성장하면서 공기 중의 탄소와 땅속 유기물을 흡수합니다. 동물들은 식물을 먹으며 생활하고 배설물을 내보냅니다. 이 배설물과 사체는 미생물에 의해 분해되어 다시 땅속 유기물과 공기 중 탄소로 분해됩니다. 이렇게 순환 고리가 연결되는 땅은 식물이 잘 자라고 작물의 수확량도 많

---

20 기후위기 시대, 채식이 지구를 살린다. 경향신문. 2020.10.17. https://www.khan.co.kr/national/national-general/article/202010171001001

아집니다.

그러나 공장식 축산업은 이 순환을 망가뜨렸습니다. 좁은 공간에 많은 가축을 키우다 보니 가축의 배설물은 거름이 되기 전에 물과 땅을 오염시키는 물질이 되어 버렸습니다. 농업과 축산업에서 온실가스를 줄이기 위해서는 이 순환 고리를 다시 연결해야 합니다.

아마존을 지키는 사람들[21]

2020년 3월, 브라질 마라나오주 당국은 총상을 입은 제지코 과자자라의 시신을 발견했습니다. 과자자라는 교사로 일하다가 자신의 지역에 벌목과 환경 파괴에 반대하는 '가디언스 오브 포레스트(숲의 수호자)'로 활동했습니다.

과자자라처럼 그동안 숲을 지키다가 살해된 사람이 아마존에서만 2천 명에 육박합니다. 이틀에 한 명씩 살해되는 꼴이지요. 전 세계에서 숲을 지키다 살해된 사람은 2020년에만도 227명이나 됩니다.

브라질 원주민 협회는 과자자라의 사망을 두고 "침략자들로부터 그들의 영토를 방어하기 위해 싸우는 자들이 폭력에 취약하다는 것을 알려 주는 것"이라고 말했습니다. 이들을 살해하고 폭력을 휘두르는 세력은 도대체 누구일까요?

---

21 아마존 환경 운동가 피살...지난 6개월간 벌써 5번째. BBC 코리아. 2020.04.03. https://www.bbc.com/korean/news-52148779

아마존 숲을 불태우고 닥치는 대로 벌목을 하는 이유는 소를 키우는 데 필요한 작물을 생산하기 위함입니다. 아마존 숲이 사라진 곳을 차지한 것은 바로 '콩'입니다. 이 콩은 중국으로 수출되어 돼지 사료로 이용됩니다. 한국도 브라질에서 콩을 수입합니다. 이 때문에 브라질 대통령은 벌목꾼과 농민들을 옹호하며 자신들의 지역을 지키는 환경 운동가를 비난해 왔습니다.

내가 지금 먹고 있는 콩이나 돼지고기, 소고기가 숲의 수호자들을 희생하면서 생산되었을지도 모른다는 사실, 가끔은 떠올려 보면 어떨까요?

6
전기차는 기후위기를 해결할 수 있을까?

배달시킨 치킨 상자 속 기름종이는 이물질도 묻고 여러 재질이 섞여서
재활용이 안 됩니다. 종량제 봉투에 담아 배출하세요.

버스나 택시를 이용할 때 전기버스나 전기택시를 타 본 적이 있나요? 최근 미세먼지와 기후위기 문제로 전기차를 구입하는 사람들이 많아졌습니다. 정부나 지자체에서도 보조금을 지원하면서 전기차를 늘리는 데 적극적입니다.

2020년 전 세계 전기차 누적 보급 대수는 전년보다 43%나 증가하여 1천만 대를 넘었습니다. 코로나19로 신규 자동차 등록 대수는 감소했지만, 전기차의 비중은 오히려 70%나 증가했습니다. 2020년 전 세계 전기차가 사용하는 전기의 양은 총 80TWh로, 전체 전력 소비에서 1%를 차지하고 있습니다.[22]

전기차 도입이 더 확대되면 전기차는 2025년에 7천만 대, 2030년에는 2억 3천만 대로 총 자동차의 12%를 차지할 것으로 전망합니다. 전체 전력 소비에서 차지하는 양도 많아지겠지요.

휘발유나 가스를 사용하는 자동차가 아닌 전기로 충전하는 차로 바꾸는 것은 기후변화 대처에 많은 영향을 미칩니다. IPCC 5차 보고서에 따르면 전 세계에서 배출되는 온실가스 중 약 14%가 수송 부문에서 배출됩니다. 우리나라도 수송 부문 온실가스 배출이 전체 온실가스 배출량

---

22 김수린, 김창훈. IEA의 세계 전기차 시장 현황 보고 및 전망. 세계 에너지시장 인사이트. 2021.7.12. 제21-14호

의 13% 정도를 차지합니다. 그러다 보니 친환경 자동차, 온실가스가 나오지 않는 자동차가 인기를 얻고 있습니다.

하지만 여기서 전기차가 가지고 있는 다른 문제를 생각해 보아야 합니다. 전기차를 만드는 전 과정분석WTW, well-to-wheel analysis을 보면, 전기차에는 자동차 생산과 전기 생산 등 많은 것이 얽혀 있습니다. 국책 연구 기관인 에너지경제연구원에서도 "전기차는 대기 오염 물질을 배출하지 않는 차량이라고 평가하기 어렵다"는 입장을 내기도 했습니다. 차량의 배기구를 통해 나오는 오염 물질은 없지만, 전기차 생산과 충전용 전기 생산 과정에서 발생하는 오염 물질은 여전히 존재하기 때문입니다.

전기차의 외관은 철로 만듭니다. 철을 생산하는 과정에서는 탄소를 많이 이용하기 때문에 온실가스를 어마어마하게 배출합니다. 2020년 우리나라 온실가스 다배출 기업 순위 1위와 7위가 바로 포스코와 현대제철과 같은 제철 회사입니다.

전기차에 들어가는 부품을 생산하는 것도 문제입니다. 전기차의 핵심 부품인 배터리에는 리튬이나 코발트라는 광물이 필수적으로 들어갑니다. 리튬은 주로 칠레에서, 코발트는 콩고민주공화국에서 생산되고 우리는 수입해서 이용합니다. 광산에서 채굴하고 우리나라까지 운반하는데도 온실가스가 배출됩니다. 승용차마다 네 개씩 있는 타이어 생산도 마찬가지지요.

전기차를 움직이려면 전기를 충전해야 합니다. 그런데 우리나라의 전기는 아직 석탄이나 가스와 같은 화석 연료에 70% 이상 의존하고 있고, 핵 연료에서 20% 정도를 얻고 있습니다. 화석 연료와 핵 연료에서 얻는 전기로 충전하는 자동차를 과연 친환경 자동차라고 할 수 있을까요?

MIT 우종렬 박사와 삼성경제연구소 안중하 수석연구원 등의 2017년 논문에 따르면 화석 연료 발전 비중이 높은 나라에서는 전기차의 온실가스 배출률이 높고, 전기차가 내연기관차보다 온실가스 배출에 더 밀접히 연관돼 있다고 합니다.[23]

또 하나, 재생 에너지로 전기를 공급하고 탄소를 사용하지 않는 철이 만들어진다고 해도 전기차 수가 무작정 늘어나면 우리는 그 에너지를 감당할 수 없습니다. 전기차의 숫자를 줄이고 대중교통을 늘리는 방향으로 바꾸는 것이 함께 필요합니다.

이처럼 전기차는 다른 에너지와 함께 연동되어 있습니다. 우리가 기후위기에 대응하기 위해서는 전기차로 바꾸기 전에 재생 에너지로 전환하기, 생산 과정에서 탄소 줄이기, 자동차의 이동 거리 줄이기 등 다양한 영역에서 먼저 변화하려는 노력이 있어야 합니다.

---

23 전기차는 과연 친환경적인가. 신동아. 2019.08.30. https://shindonga.donga.com/3/all/13/1825057/1

수소차는 친환경? 문제는 수소를 만드는 방법![24]

기후위기 시대를 맞아 에너지 전환은 필수적입니다. 세계는 태양광, 풍력 등 재생 에너지를 이용하는 방식과 수소 에너지를 활용하는 방식 등 크게 두 가지로의 에너지 전환을 진행하고 있습니다.

수소는 대기 중 75%를 차지하고 물에도 포함되어 있어 매우 흔한 원소입니다. 그러니 고갈될 염려도 없고 세계 어디서나 얻을 수 있습니다. 기체지만 액체로 바꿀 수도 있고, 압력을 가해 부피를 줄일 수도 있어서 저장이나 운반이 쉽다는 장점도 있습니다.

하지만 수소를 이용하는 데는 크게 두 가지 문제가 있습니다. 하나는 온실가스 발생 없이 수소를 생산할 수 있느냐는 것과 비용이 너무 많이 들지 않아야 한다는 점입니다. 수소가 지구상에 흔한 원소이긴 하지만, 순수한 수소로 존재하는 경우는 거의 없

---

24 수소경제는 친환경?…문제는 수소 생산방식이다. 한겨레. 2021.04.12. https://www.hani.co.kr/arti/economy/economy_general/990633.html

습니다. 수소 자체를 얻기 위해서는 수소 화합물에 에너지를 가해 분리하는 과정이 필요하지요.

현재 수소의 대부분은 탄소와 수소로 구성된 천연가스에서 수소를 추출하는 방식으로 생산합니다. 이 방식은 생산 비용은 저렴하지만 온실가스가 배출된다는 문제가 있습니다. 그래서 이를 '그레이 수소'라고 부릅니다.

핵 발전에서 생산하는 전기로 수소를 얻겠다고 주장하는 사람들도 있습니다. 이를 '핑크 수소'라고 부르지요. 온실가스 발생은 적지만 방사능이나 핵 폐기물이 나오는 방식입니다.

수소를 친환경 에너지로 이용하기 위해서는 수소를 어떻게 만드느냐가 중요합니다. 세계 주요 국가들이 생산 과정에서 온실가스와 방사능 배출이 없는 '그린 수소'를 만들겠다고 하는 이유입니다.

가장 대표적인 것은 태양광, 풍력과 같은 재생 에너지를 활용하여 물을 전기 분해하는 방식입니다. 오스트레일리아와 독일, 프랑스 등이 도입했습니다. 오스트레일리아는 필바라사막에 설치한 태양광 패널에서 전기를 만들어 수소를 생산하는 대규모 설비를 건설 중입니다.

석탄 발전과 핵 발전 비중이 높고 재생 에너지 비중이 낮은 우리나라에서 수소차를 빠르게 보급하는 것이 친환경 사회로 가는 길이 맞는지 한번 생각해 볼 문제입니다.

7

에코백과 텀블러는 지구를 살릴 수 있을까?

'신상품'만 좋은 것이라는 생각을 바꿔 보아요. 오래 쓰고 다시 쓰는 게 소중한 행동이니까요.

2019년 여름, 환경단체 에너지정의행동은 서울시청에서 「청소년 기후변화 연설대전」을 개최했습니다. 기후위기가 심각해지고 그레타 툰베리의 '미래를 위한 금요일' 시위가 확산되면서 청소년들의 기후위기에 관한 관심도 높아졌지요. 예선을 거치고 본선에 오른 15명의 쟁쟁한 청소년은 각자 자기가 준비한 내용을 청중들 앞에서 외쳤습니다.

현장에 모인 500여 명의 청소년 심사위원들에게 가장 많이 공감을 얻어 당당히 대상을 수상한 연설 주제는 바로 텀블러였습니다. 「내 인생의 텀블러」, 그 연설의 제목입니다. 연설자는 제목처럼 수많은 텀블러를 사서 모으는 것이 아니라 이제부터 하나의 텀블러를 소중히 사용하겠다는 말로 연설을 마쳤습니다.

얼마 전까지만 해도 기념품으로 텀블러나 에코백을 나누어 주는 일이 많았습니다. 일회용 컵과 비닐 봉투 사용을 줄이자는 취지입니다. 일회용품을 한 번 쓰고 버리는 것보다 다회용을 사용하면 환경 오염을 줄일 수 있다는 인식이 확산되어 있기 때문입니다.

스스로 구입하는 것들도 많습니다. 많은 기업이 친환경 마케팅으로 텀블러와 에코백을 판매하거나 커피를 마시거나 물건을 구입하면 '획득'할 수 있는 상품으로 구비해 두었습니다. 특정 브랜드의 다회용 컵을 갖고 싶은 욕구든 예쁜 텀블러나 에코백을 구매하고 싶은 욕구든, 결국은 소비량이 늘고 내가 가진 텀블러와 에코백의 숫자만 늘어나는 결과를 초래했습니다.

텀블러와 에코백은 일회용 컵이나 비닐 봉투보다 생산하는 데 자원도 많이 들고 생산 과정에서 온실가스도 더 많이 발생합니다. 그러니 이들이 친환경 용품이 되기 위해서는 하나의 제품을 최대한 여러 번 오랫동안 사용하는 것이 중요합니다.

KBS와 기후변화행동연구소가 함께한 실험을 보면 더 잘 알 수 있습니다.[25] 일회용 컵과 텀블러를 만들고, 사용하고, 폐기하는 모든 과정에서 배출되는 온실가스 양을 계산해 보니 텀블러의 온실가스 배출량이 가장 많았습니다. 일회용 플라스틱 컵보다는 13배, 종이컵과 비교하면 24배나 되었지요.

하지만 사용 기간을 6개월로 늘려 비교해 보니 종이컵의 온실가스 배출량이 텀블러의 5.7배, 1년 후 10배, 2년 후에는 15.9배로 그 차이가 점점 크게 벌어졌습니다. 즉 사용 기간이 길수록 텀블러의 온실가스 배출량이 종이컵이나 일회용 플라스틱 컵보다 적어진다는 것을 알 수 있습니다.

사실 이 계산이 정확하지 않을 수도 있습니다. 왜냐하면 텀블러의 재질이 플라스틱인지 스테인레스인지, 고무가 섞여 있는지 등 여러 상황에 따라서 비교하는 값이 달라지기 때문입니다. 또한 텀블러 생산과 사용에서 발생하는 온실가스뿐만 아니라 폐기하는 과정에서의 온실가스 발생

---

25 텀블러 하나당 1000번 사용해야 환경보호효과를 낼 수 있는가. 팩트체크넷. 2021.07.01. https://factchecker.or.kr/fc_subjects/111

도 고려해야 합니다. 금속과 플라스틱이 섞여 있는 텀블러의 경우에는 서로 분리가 잘되도록 만들어야 나중에 폐기가 쉽습니다. 하지만 한 가지 확실한 것은 오래 쓸수록 온실가스 배출량이 줄어든다는 것입니다.

하나의 텀블러를 오래오래 사용하기 위해서는 소유하고 있는 텀블러의 숫자를 줄이려는 노력이 필요합니다. 사용하지 않고 가지고만 있다면 결국 대부분 쓰레기가 되고 말 테니까요.

그러나 텀블러와 에코백 쓰레기가 늘어나는 것은 나 혼자만의 노력으로 해결하기 어렵습니다. 기업들은 쓰레기가 많이 늘어나야 생산할 수 있고 물건을 팔아 돈을 벌 수 있기 때문에 끊임없이 물건을 사고 싶게 만듭니다. 텀블러가 집에 열 개가 있어도 또 다른 텀블러를 갖고 싶은 건 어찌 보면 당연한 욕심일 수 있는 것입니다.

지금 우리 집에 텀블러가 몇 개나 있는지 세어 보세요. 또 에코백은 몇 개나 있나요? 하나를 오래오래 사용한다고 가정하면 나에게 너무 많은 친환경 제품이 있는 것은 아닌지 생각해 보아야 합니다. 그리고 과소비를 부추겨 더 많은 친환경인 '척'하는 제품을 구매하게 하는 마케팅을 가려내는 눈을 길러야 합니다.

'반려' 에코백을 골라 보세요

최근 여성신문은 에코백 사용 경험이 있는 20~60대 여성들을 대상으로 설문 조사를 진행했습니다. 설문 결과 한국의 여성들은 에코백 1개를 평균 약 30회 정도 재사용한다고 합니다.

영국의 환경청 발표에 따르면 캔버스 에코백 하나를 최소 131번 써야 비닐 봉시보다 환경에 이익이 될 수 있다고 합니다. 여러 번 오랫동안 사용하기 위해서는 에코백 품질이 좋아져야 할 필요도 있고, 일회용품 사용에 익숙한 생활 습관을 바꾸는 것도 필요합니다. 무엇보다 중요한 것은 소비자의 욕구를 자극해 불필요한 소비를 유도하는 기업의 마케팅을 경계하는 일입니다.

우리의 소비를 다시 돌아보면서 불필요한 낭비를 줄여 가는 것이 진짜 친환경일 것입니다. 집에 쌓인 여러 개의 에코백 중에서 가장 마음에 드는 것을 골라 '반려' 에코백으로 삼아 보는 것은 어떨까요?

새우 샐러드가 기후에 미치는 영향

우리집 난방 온도를 1도 낮추고 내복이나 따뜻한 실내복을 입어요. 건강도 지키고 에너지도 아끼는 현명한 방법이 될 거예요.

아침 식사를 거르고 출근을 했더니 오전부터 배가 고프네요. 사무실 옆에 며칠 전에 생긴 샐러드 집이 생각났습니다. 가볍게 샐러드로 배를 채우고 차라리 점심을 건너뛰어야겠다고 생각하고 가게로 들어갔습니다.

샐러드 메뉴가 정말 다양하네요. 마침 눈에 들어온 샐러드 메뉴는 바로 새우 샐러드였습니다. 구운 새우와 싱싱한 채소 그리고 코코넛오일이 들어갔다는 친절한 설명이 적혀 있었지요. 워낙 좋아하는 재료들이어서 큰 고민 없이 선택하고 자리에 앉았습니다.

문제는 여기서 궁금증이 생겼다는 거예요. '도대체 이 많은 새우 껍질은 누가 다 까는 건지'로 시작한 궁금증이 '이 새우는 어디서 왔는지'로 번졌습니다. 우리 함께 알아볼까요?

"맹그로브 숲이 파괴되면서 팔루의 인명 피해가 커졌다!" 홍콩의 한 언론이 2018년 인도네시아 술라웨시섬에서 일어난 지진과 쓰나미의 피해가 컸던 이유가 맹그로브 숲이 사라졌기 때문이라고 보도했습니다.[26]

맹그로브 나무는 열대와 아열대 해안에서 자라는 식물입니다. 촘촘하게 얽힌 뿌리로 지반을 단단하게 받치고 수질을 정화하며 수많은 수중 생물들의 서식지가 되어 주지요. 맹그로브 숲이 없는 해안에 태풍이 한번 지나가면 그 일대 토양은 2m씩이나 침식될 정도로 맹그로브 숲은

─────────
26 작디작은 새우가 만든 쓰나미…인간을 죽이는 '맹그로브의 역설'. 서울신문. 2018.10.15. https://www.seoul.co.kr/news/newsView.php?id=20181015500113

존재 자체만으로도 태풍과 쓰나미를 막는 역할을 합니다.

실제 2004년 인도양에서 규모 9.1의 대지진과 쓰나미가 발생했을 때 맹그로브 숲이 가진 방어력이 증명되었습니다. 맹그로브 숲이 있는 지역의 사상자가 그렇지 않은 지역의 사상자보다 8% 이상 적었다는 사실을 독일 과학자들이 밝혀낸 것입니다. 일본의 연구진은 맹그로브가 밀집된 경우 쓰나미 위력이 90%나 축소된다는 결과를 『사이언스』지에 싣기도 했습니다.

2013년 필리핀에서도 비슷한 일이 생겼습니다. 슈퍼 태풍 하이엔으로 7천8백 명의 사망자와 실종자가 발생했는데, 맹그로브 숲이 없던 타클로반의 피해가 가장 컸고, 맹그로브 숲을 복원하고 있던 사마르 지역은 그보다 피해가 적었습니다.

맹그로브 숲은 생물의 서식지나 자연재해의 방어벽 역할을 하기도 하지만, 이산화탄소 흡수량이 같은 면적의 열대 우림보다 5배나 뛰어나 지구의 탄소 흡수원 역할을 합니다. 전 세계 맹그로브 숲이 흡수하는 연간 이산화탄소 양은 2천만 이상으로 추정되어 아마존 숲과 더불어 '지구의 탄소 저장고'로 불립니다.

더구나 맹그로브 나무는 성장 속도가 매우 빨라서 맹그로브 숲을 조성하는 데 몇 년이면 충분합니다. 지속적으로 가꾼다면 탄소 흡수에 크게 기여할 수 있습니다.

그렇다면 이 지역의 맹그로브 숲은 왜 사라졌을까요? 바로 우리가 먹는 새우를 양식하기 위해서입니다. 맹그로브 숲을 밀어낸 자리에 들어선 것은 대규모 새우 양식장입니다.

2019년 기준 전 세계 맹그로브 면적의 25%를 가지고 있는 인도네시아에서는 아주 빠른 속도로 맹그로브 숲이 파괴되고 있습니다. 2005년 9만 3천6백km²던 맹그로브 숲의 면적이 2019년에는 3만 3천1백km²에 불과할 정도입니다. 아마존 열대 우림이 사라지는 속도보다도 4배나 빠릅니다.

하지만 1만m²의 맹그로브 숲이 파괴된 자리에서 생산되는 새우는 거우 0.5t이라고 합니다. 새우 양식장은 새우의 배설물과 사료 등으로 또 오염되기 때문에 3~4년만 사용하고 폐기됩니다. 양식업자들은 또 다른 맹그로브 숲을 파괴해야 하는 것이지요.

맹그로브 숲 인근의 해안에서 물고기를 잡아 생계를 유지하던 사람들도 맹그로브 숲이 파괴되자 어획량이 감소하면서 생계가 어려워졌습니다. 게다가 지진이나 쓰나미 피해는 더 커졌지요. 엎친 데 덮친 격으로 기후위기가 심각해지면서 쓰나미나 태풍이 더 강하고 자주 나타나게 되었습니다. 맹그로브 숲 주위의 사람들의 삶은 더욱 힘들어져 가겠지요.

2012년 미국 오리건대학교 연구진은 동남아에서 생산되는 블랙타이거 새우의 탄소 발자국(개인이나 기업, 국가 등이 어떤 제품이나 서비스의 원료 채취·생산·수송·사용·폐기에 이르는 전 과정에서 배출하는 온실가스의 총량)이 소고기보다 10배나 많다는 사실을 알렸습니다. 맹그로브 숲이 원래 가지고 있던 탄소 흡수원의 가치를 담았기 때문입니다.

한국은 맹그로브 숲을 밀어내고 키운 새우를 주로 수입하는 나라입니다. 피자 한 판만 시켜도 새우가 몇 마리씩 보이고, 샐러드에서도 심심찮게 등장합니다. UN의 통계에 따르면 새우는 세계 수산물 교역량의 17.5%를 차지하고 있습니다. 전 세계 인구가 소비하는 새우를 키우려면 얼마나 많은 맹그로브 숲이 사라져야 할까요?

내가 아무 생각 없이 하는 행동이 기후변화에 이렇게나 큰 영향을 미치고 있다는 것을 알면 무언가를 사는 일이 얼마나 중요한 일인지 알 수 있습니다. 가게에서 샐러드를 고르고, 마트에서 새우를 사고, 새우가 들어간 피자 메뉴를 고르는 일 모두 그렇습니다.

우리가 무언가를 먹고 재료를 선택할 때 그 먹거리가 어떻게 생산되고 어떤 과정을 통해 오는지 조금 더 생각해 봐야 할 필요가 생겼네요.

4

기후위기와 불평등, 그리고 책임

얼마 전 놀라운 사진을 하나 보았습니다. 코로나19 확진자와 접촉한 인도의 한 사람이 자가격리를 위해 나무 위에 올라가 있는 사진이었습니다. 주거 환경이 열악한 그는 자가격리를 할 공간이 없어서 격리 기간 동안 나무 위에 올라가 식사와 배변을 처리하고 있었습니다.

이 사진이 놀라웠던 건 그 바로 옆에 초호화요트에서 자가격리를 하는 부자들의 사진이 함께 있었기 때문입니다. 코로나19로 자가격리를 해야 한다는 조건은 같은데, 그 상황을 겪어 내는 모습은 너무나 달랐습니다.

2021년 2월, 미국 텍사스는 갑자기 불어닥친 한파로 큰 피해를 입었습니다. 무려 60여 명이 한파로 사망했다는 기사가 보도되었지요. 하지만 피해는 거기서 그치지 않았습니다. 한파로 인해 식량과 마실 물이 부족해지고, 발전기가 얼면서 전기 공급이 끊겼습니다. 텍사스는 보통 겨울에도 영상 기온을 유지하기 때문에 한국의 보일러 같은 주택 난방 시설이 거의 없었습니다. 그 와중에 전기까지 끊기자 급하게 사용하려던 전기 난방 기기를 사용할 수 없게 되어버린 것이지요.

전기 공급이 끊긴 지역은 대부분 유색 인종과 저소득층이 주로 사는 지역이었고, 그곳의 주택 대부분은 낡고 단열도 잘되지 않았습니다. 한파가 물러가길 기다리며 추위에 떨 수밖에 없었지요. 저체온증으로 사망한 11살 소년의 부모는 민간 발전사와 규제 기관을 상대로 소송을 제기하기도 했습니다. 반면 경제적으로 여유가 있는 사람들은 호텔을 이용했습니다.

한파라는 이상 기후는 텍사스주에 사는 모두에게 다가왔습니다. 하지만 어떤 집에서 사는지, 경제적으로 어떤 차이가 있는지, 건강한 사람인지 그렇지 않은지 등에 따라 한파는 각기 다른 크기로 피해를 줍니다.

기후위기도 마찬가지입니다. 모두에게 나타나지만, 모두에게 같은 모습으로 다가가지는 않습니다. 한파는 똑같이 왔지만, 그 피해는 사람마다 다르게 겪었던 것처럼 말입니다.

그런 의미에서 기후위기는 과학적 원인으로만 분석하고 해결할 수 없습니다. 기후위기의 해결은 기후위기의 원인인 온실가스 배출과 그로 인한 피해가 일치하지 않는다는 사실에서 출발합니다. 그리고 그 불평등이 매우 다양하게 나타나고 있다는 것을 알아야 합니다. 이것이 바로 기후정의의 시작입니다.

1

국가 간 불평등
– 공동의 차별화된 책임

주스나 술을 담았던 빈 병을 대형마트에 가져가면 개당 70~350원의
공병보증금을 환급받을 수 있습니다. 환경과 경제, 두 마리 토끼를 모두 잡을
수 있겠죠?

인간의 활동이 기후위기를 만들었다는 건 이제 거의 확실하지만, 그 책임을 누가 질 것인가에 대해서는 여전히 많은 토론이 일어나고 있습니다. UN 기후변화협약에서는 기후변화가 인류 공동의 과제지만 선진국이 지금까지 온실가스를 많이 배출한 것에 대한 책임을 져야 한다고 강조했습니다. 1997년에 체결된 교토의정서가 바로 그것입니다.

하지만 2015년 파리 기후변화협약에서는 모든 국가가 온실가스를 줄이는 데 노력해야 한다고 합의했습니다. 이것이 바로 '공동의 차별화된 책임' 원칙입니다. 공동의 차별화된 책임 원칙은 모든 국가가 온실가스를 줄이기 위해 노력해야 하지만, 배출량이 많은 국가가 적은 국가보다 더 많은 책임을 져야 한다는 뜻입니다.

온실가스의 약 70%는 선진국에서 배출했습니다. 1750년대 이후 미국은 전 세계 온실가스의 약 25%를 배출해 왔고, 유럽과 러시아가 28%의 온실가스를 배출했습니다. 이 세 곳에서 전 지구에서 배출하는 온실가스의 절반 이상을 내보냈다는 의미입니다.

개별 국가를 한번 살펴볼까요? 2006년 이후 온실가스 배출을 가장 많이 하는 국가는 미국에서 중국으로 바뀌었습니다. 2019년 통계를 보면 중국의 온실가스 배출량은 약 102억t으로 전 세계의 1/4 이상을 차지합니다. 미국은 약 53억t으로 지구 전체의 11%, 인도가 6.6%, 유럽연합EU이 6.4%를 배출한 것으로 나타났습니다.

현재 가장 많은 온실가스를 배출하고 있는 나라는 중국이지만, 누적 배출량을 보면 미국이 중국보다 약 2배 더 많습니다. 온실가스는 한번 대기 중으로 배출되면 100년 이상 머물기 때문에 온실가스 배출 책임을 살피기 위해서는 역사적인 배출량을 보는 것이 중요합니다.

선진국이 지금처럼 경제 성장을 이루고 편안한 삶을 누릴 수 있게 된 것은 많은 화석 연료 사용과 생태계 파괴를 통해 꾸준히 온실가스를 배출했기 때문입니다. 그런데 문제는 그 대가를 치르는 게 선진국이 아니라는 데 있습니다.

기후위기의 피해는 온실가스를 언제 어디서 배출했는지 상관없이 세계적으로 일어납니다. 오히려 온실가스 배출량이 세계 약 3%밖에 되지 않는 남반구에 집중해서 나타납니다. 투발루와 같은 태평양의 섬나라들은 해수면 상승으로 국토를 잃어버릴 위기에 처했습니다. 연간 배출하는 온실가스가 10만t도 채 되지 않아 사실상 온실가스 배출 책임이 매우 적은 국가인데도 말입니다.

아프리카나 동남아시아의 가난한 나라들은 극심한 가뭄이나 홍수, 태풍 등으로 식량 위기에 처하기도 합니다. 기후변화로 인한 사망자도 남반구에 몰려 있습니다. 기후로 인한 위기나 식량 부족과 전염병으로 2010년까지 사망한 사람은 약 40만 명인데, 그중 98%가 남반구에서 발생했습니다. 사망자 중 83%는 탄소 배출량이 가장 낮은 나라에서 발생했습니다. 반면 부유한 국가들에서는 단 1%만이 발생했지요.

더 놀라운 사실은 1961년부터 2010년까지 지난 50년간 나타난 기후변화가 선진국과 후진국의 소득 격차를 더 벌어지게 했다는 것입니다. 미국 국립과학원 회보에 따르면 고위도 지방의 14개 국가는 기후변화로 인해 농업 생산량이 증가하면서 평균 13%의 경제 성장을 이루었지만, 적도 부근의 18개국은 평균 17~31% 경제 성장이 감소했습니다. 기후변화가 부유한 나라는 더 부유하게, 가난한 나라는 더 가난하게 하면서 소득 격차를 25%나 벌어지게 한 것입니다.

더구나 부유한 나라들이 기후변화로 소득이 높아질 때 남반구의 국가들은 기후위기로 인한 피해 때문에 더 큰 비용을 부담해야 했습니다. 2010년 가뭄·홍수·산사태·태풍·산불 등의 자연 재해로 인해 남반구에는 총 5천7백10억 달러의 손실이 발생했습니다. 문제는 이 비용이 앞으로 더 늘어날 것이라는 데 있습니다. 기후위기는 더 심각해지고 더 빈번하게 발생할 것이니까요.

이제 한국의 상황을 살펴볼까요? 한국은 세계 9위의 온실가스 배출국으로 2019년 약 6억t의 온실가스를 배출했습니다. 기후위기의 책임이 큰 나라지요. 1인당 이산화탄소 배출량도 세계 4위로 매우 많은 양을 배출하고 있습니다. 아프리카 국가들의 1인당 온실가스 배출량의 130배나 되는 양입니다. 기후위기의 주범인 석탄발전소를 여전히 짓고 있고 해외 건설도 하고 있어서 '기후 악당'이라는 꼬리표를 달고 있기도 합니다.

청소년 기후행동과 '미래를 위한 금요일'을 주도한 그레타 툰베리는 한 언론 인터뷰에서 한국의 해외 석탄 발전 건설에 대해 "기후 문제에 '리더'라고 불리는 국가들이 '악당'인 경우가 있다. 기후 문제에 앞장선 다고 알려져 있지만 하고 싶은 일들은 거의 다 하고 있다"고 말하면서 "행동으로 증명해 주면 좋겠다"고 메시지를 전하기도 했습니다.[27]

온실가스를 많이 배출했다는 것은 그만큼 경제 성장을 이루었다는 것으로 볼 수 있습니다. 폭염에는 에어컨을 늘리고, 한파에는 전열 기기를 늘리고, 건조하면 가습기를, 습하면 건조기를 사용합니다. 재난 상황에 닥치면 휴대폰으로 모든 국민이 안내를 받을 수도 있습니다. 하지만 온실가스를 거의 배출하지 않고 경제 성장이 둔한 국가들은 에어컨이나 건조기와 같은 기기를 사용하지 못하는 경우가 많고, 오히려 더 취약한 주거 환경에서 살고 있습니다.

한국은 온실가스 배출의 책임을 무겁게 느끼면서 온실가스 감축을 위해 더 빠르게 달려가야 합니다. 또 기후위기의 아픔에 직면한 국가들이 불평등을 조금이나마 해소할 수 있도록 적극적으로 지원해야 합니다.

27 툰베리 "기후위기 행동으로 보여달라" 문 대통령에 호소. 한겨레. 2020.10.20. https://www.hani.
co.kr/arti/society/environment/966405.html

바다에 들어가 연설한 장관[28]

남태평양 중앙에 위치한 섬나라 투발루의 코페 외무장관은
영국 글래스고에서 열린 COP26를 맞아 허벅지까지 물이 닿는
바닷속에 연단을 세워놓고 성명을 발표했습니다.

코페 장관은 "투발루에서 우리는 기후변화와 해수면 상승이
라는 현실을 살아가고 있다. 우리는 수몰되고 있다"고 말했습니

---

28 해수면 상승에 국토가 바다 아래로⋯투발루 외무장관 '수중 연설'. 한겨레. 2021.11.10. https://
www.hani.co.kr/arti/society/environment/1018821.html

다. 또 "바닷물이 계속 차오르고 있는 상황에서 말뿐인 약속만을 기다릴 여유가 없다"며, "기후 이동성climate mobility을 최우선으로 고려해야 한다. 우리의 내일을 지키기 위해 과감한 대안적인 조치를 취해야 한다"고 연설했습니다.

코페 장관이 연설한 곳이 원래 육지였다는 사실은 모두에게 다시 한번 기후위기의 위험성을 일깨웠습니다.

투발루는 남태평양에 있는 섬나라로 인구가 약 1만 2천 명 정도인 작은 나라입니다. 이 나라는 기후변화로 인한 해수면 상승으로 인해 국토가 점점 물에 잠기고 있다고 합니다. 투발루의 국민들은 강제로 이수하거나 땅이 물에 잠기는 최악의 상황까지 고려해야 할 정도로 기후변화의 피해가 심각합니다.

2
지역 간 불평등
– 에너지 생산과 소비의 부정의不正義

도보나 자전거를 이용하면 포인트를 얻을 수 있는 '에코 마일리지', '그린 교통 포인트', '자전거 환경 마일리지'와 같은 제도가 있어요. 우리 동네 마일리지 제도를 찾아 보세요.

이제 조금 눈을 돌려 국내 문제를 볼까요? 국내에서 온실가스가 가장 많이 발생하는 분야는 바로 에너지 분야입니다.

에너지 분야는 산업과 수송, 건물 등을 다 포함하는데, 한국 온실가스 배출량의 87%나 차지합니다. 그중에서도 화석 연료를 태워 전기를 얻고 열을 공급하는 분야가 가장 많이 온실가스를 배출하고 있습니다. 결국 전력을 생산하는 데서 온실가스가 가장 많이 발생한다는 말입니다.

우리나라에서 사용하는 전기는 2020년 기준으로 석탄발전소에서 35.6%, 핵발전소에서 29% 그리고 가스발전소에서 26.4%를 생산했습니다.

각각의 발전소가 어디에 있는지 살펴볼까요? 규모가 큰 석탄화력발전소의 절반 이상은 충남 해안가에 자리 잡고 있습니다. 당진, 태안, 보령 등입니다. 나머지는 인천 영흥도, 경남 하동과 삼천포 등에 위치해 있습니다. 서울이나 수도권과는 거리가 먼 해안가에 건설된 것을 알 수 있지요?

핵발전소는 어떨까요? 우리나라 전력 생산의 25~30%를 담당하는 핵 발전은 부산, 울산, 경주, 울진, 영광 등 5곳에서 총 24기가 운영 중입니다. 부산, 울산, 경주라고는 하지만, 모두 도심이 아닌 해안가 외딴곳에 위치해 있습니다.

전국에 전기를 공급하기 위해 대규모의 발전소가 지어진 지역은 그 피해 또한 고스란히 떠안고 있습니다. 전기를 생산할 때 나오는 미세먼지, 석탄 가루, 전자파, 방사능, 폐기물 등으로 인한 피해입니다.

석탄화력발전소가 운영되고 있는 인천 영흥도 주민들은 석탄 가루가 날아오는 바람에 정성껏 농사지은 배추를 먹지 못하는 경우도 많습니다. 당진시 교로리 마을은 석탄화력발전소가 들어온 이후 765kV, 345kV, 154kV의 송전탑이 마을을 관통하여 지나가고 있습니다. 송전탑 곁에서 10년을 사는 동안 150여 명의 주민 중 30명 이상이 암으로 사망했습니다. 당진 월곡리의 한 주민은 고압 송전탑과 송전선에서 나는 굉음 때문에 잠을 자지 못할 정도로 공포스럽다고 말합니다.[29]

경주 월성핵발전소에서 1km도 채 떨어지지 않은 곳에 사는 주민들은 벌써 7년째 이주를 요구하며 천막 농성을 하고 있습니다. 주민들 몸속에서 방사능 물질인 삼중수소가 검출되고 암 환자가 늘고 있지만 사는 땅과 집이 팔리지 않으니 이사도 갈 수 없는 것입니다. 주민들은 이 땅을 '창살 없는 감옥'이라고 말합니다.

석탄발전소가 모여 있는 충청남도는 우리나라 전체 발전 설비의 19%가 위치해 있습니다. 하지만 충청남도가 그만큼의 전력을 소비하는 것은 아닙니다. 각 지역에서 소비하는 전력량 대비 생산량 비율, 즉 지역

---

29 바람 불면 마을 덮치는 공포스러운 굉음…송전탑 인근 주민들은 괴롭다. 당진신문. 2021.11.20.
http://www.idjnews.kr/news/articleView.html?idxno=132308

별 전력자립도를 보면 충청남도는 240%나 됩니다. 소비량보다 2.4배나 더 많이 생산한다는 의미지요.

영광핵발전소가 위치한 전라남도나 울진과 월성핵발전소가 있는 경상북도도 각각 약 180% 정도의 전력자립도를 기록하고 있습니다. 하지만 대전은 2%, 서울은 11%, 대구는 19%, 경기도는 60% 등 대도시의 전력자립도는 매우 낮아 다른 지역에서 대부분의 전기를 끌어 오고 있어요.

전력의 생산과 소비가 균형을 이루어야 대규모 발전소로 인한 갈등과 피해 그리고 전기를 옮기는 송전탑으로 생기는 문제 등이 줄어들 것입니다.

우리가 편리하게 사용하는 전기를 생산하고 운반하는 과정에 지역 주민들의 수많은 아픔이 있다는 것을 잊지 않는다면, 에너지를 사용할 때도 좀 더 많은 책임감을 느끼고 아껴 쓸 수 있을 겁니다.

강원도 삼척에서 청와대까지 478km의 대장정

2021년 봄, 강원도 삼척에서부터 청와대까지 도보 순례를 하신 분들이 있습니다. 총 478km를 걷는 데 25일이 걸렸지요. 이들은 바로 삼척 석탄화력발전소 건설 반대 주민, 생명 평화 활동가, 울진·횡성·홍천·가평 등 송전탑 건설 반대 주민들입니다.

이 도보 순례단은 삼척석탄화력발전소를 비롯하여 강릉안인화력발전소와 동해안-신가평 500kV 송전 선로 건설을 막기 위한 공동의 목표를 가지고 마음을 모았습니다. 석탄화력발전소는 기후위기의 주범인 동시에 삼척과 강릉의 아름다운 생태계를 파괴합니다.

또 강원도에 건설하는 발전소에서 서울로 전기를 보내기 위해 송전탑을 짓게 됩니다. 동해안에서 가평까지 이어지는 송전선은 그 길을 따라 수많은 사람에게 피해를 주게 됩니다.

삼척은 전기를 많이 사용하는 지역이 아닙니다. 송전선이 지나가는 홍천도 현재보다 전기가 더 많이 필요한 곳이 아닙니다. 하지만 그 지역에는 도시에서 사용하는 전기를 만들기 위해 석탄 화력발전소가 지어지고 또 송전탑이 지어집니다.

동해안과 가평을 잇는 송전탑은 2025년까지 약 440기가 건설될 예정인데, 홍천에만 100여 기의 송전탑이 건설될 예정입니다.

홍천군송전탑반대대책위원회 위원장은 "농촌에도 사람이 살고 있다. 더는 서울과 수도권에 전기가 필요하다는 이유만으로 농촌의 희생을 강요할 수 없다"고 목소리를 높였습니다.

3

소득으로 보는 불평등

내가 날린 풍선이 야생동물을 해친다? 야생동물은 풍선을 먹이로 착각해
먹기도 하고 풍선 끈 때문에 새들의 다리에 치명적인 상처가 나기도 한대요.

우리는 누구나 탄소를 배출합니다. 집에 살고, 먹고, 입고, 이동하고, 또 소비하는 전 과정에서 온실가스가 발생하기 때문이지요. 하지만 모든 사람이 같은 양의 온실가스를 배출하는 것은 아닙니다.

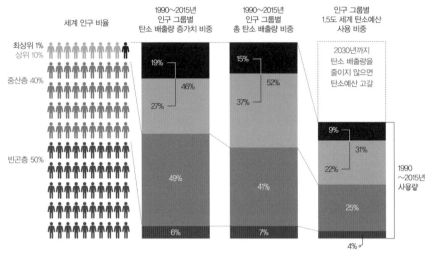

1인당 소득 기준: 최상위 1%($109,000), 상위 10%($38,000), 중산층 40%($6,000), 빈곤층 50%($6,000 미만)
1.5도 세계 탄소예산 초과 위험 33%, 1990년 세계 탄소예산 1,205Gt

출처 국제구호개발기구 옥스팜

국제구호개발기구인 옥스팜과 스웨덴 스톡홀름환경연구소가 2020년 9월 발간한 보고서의 주요 내용을 보면 "지난 25년 동안 전 세계의 최상위 1% 부유층이 배출한 탄소량이 하위 50%가 배출한 탄소량의 2배가 넘는다"고 합니다. 어마어마한 차이지요.

전 세계 인구의 가장 부유한 상위 10%는 1990년부터 2015년까지의 누적 탄소 배출량 중 52%를 차지했습니다. 반면 하위 50% 빈곤층의 책임은 오직 누적 탄소 배출량의 7%에 불과합니다. 보고서에서는 상위 10% 부유층의 1인당 탄소발자국을 유럽 평균 수준으로만 줄여도 연간 탄소 배출량의 25%가 감소할 것이라고 말하고 있습니다.

충격적인 사실은 또 있습니다. 배출량도 문제지만 그 양이 계속 증가하고 있는 것도 문제라는 것입니다. 소득 상위 10%가 배출하는 탄소의 양은 계속 가파르게 증가하고 있지만, 하위 50%에서 증가하는 양은 거의 없습니다.

다시 말해 모든 인류가 적정하게 잘 살기 위해 탄소 배출이 이루어지는 것이 아니라, 소수의 최상위 부자들의 소비를 늘리는 데 사용되고 있다는 것입니다.

소득이 높은 사람들이 탄소를 많이 배출하는 가장 큰 분야는 육상 교통과 항공입니다. 더 많이 더 길게 이용하는 것은 당연하고 더 크고 빠른 자동차, 더 넓은 좌석 또는 개인 비행기 등을 이용하기 때문입니다.

2021년에는 억만장자들이 3억 원을 내고 우주여행을 시작했다는 기사가 줄을 이었습니다. 우주여행은 자동차나 항공기처럼 화석 연료를 이용하기 때문에 많은 탄소가 배출됩니다. 우주여행 1회에 300t의 탄소가 배출될 뿐만 아니라 오존층도 파괴됩니다. 비행기로 한국에서 유럽을 간다고 할 때 배출되는 탄소의 양이 1인당 1~3t임을 생각하면 엄청난 양의 탄소를 배출하는 것이죠.

이 보고서를 낸 팀 고어 옥스팜 기후정책 담당자는 "부유한 소수의 과잉 소비가 기후위기를 가져오는데 그 대가는 가난하고 약한 사람들과 젊은 세대가 몽땅 짊어지고 있다"고 말했습니다. 또한 이런 심각한 불평등이 나타나는 것은 탄소를 많이 사용하는 경제 성장을 추구한 데 따른 것이라고 주장했습니다.

조금 다른 시각에서 소득 간 불평등을 바라보는 사람도 있습니다. 국제불평등연구소의 제이슨 히켈은 저서 『적을수록 풍요롭다』에서 푼돈을 받고 노동을 하는 빈곤층과 그로 인해 부를 쌓아가는 부유한 사람들의 이야기를 담았습니다.

휴대폰을 만드는 데 필요한 희토류 광물을 채굴하며 목숨을 걸고 일하는 사람들이나 고된 노동에 시달리는 커피 농장의 노동자들, 또는 석유나 석탄처럼 채굴당한 자원 같은 것들이 세계의 경제를 움직이고 있습니다.

하지만 노동자들과 자원은 싼값에 착취당하고 그들이 만든 소득은 소수의 부유한 사람들에게 흘러들어 갑니다. 이렇게 만들어진 경제 성장과 그로 인한 소득의 46% 이상이 가장 부유한 5%의 사람들에게 돌아갔습니다.

세계의 부자 1%가 매년 얻는 소득은 중동과 아프리카 전체를 포함하는 169개국의 총소득을 합친 것보다 많습니다. 가장 부유한 1%의 사람들이 자신의 초과 소득을 세계 빈곤층에게 돌리면 한방에 빈곤을 근절하고 남반구의 기대수명을 8년 늘릴 수 있습니다. 그렇게 해도 최상위

1%는 여전히 평균보다 많은 소득을 누릴 수 있습니다.

기후위기는 온실가스 배출의 원인과 결과로만 설명할 수 없습니다. 결국 인류가 소비하기 위해 생산하는 많은 것들은 지구 자원의 사용으로 이어지고, 그로 인해 발생하는 소득이 어떻게 분배되었는지의 문제로도 연결이 됩니다.

프란치스코 교황은 저서 『찬미받으소서』를 통해 오늘날 우리는 참된 생태론적 접근이 언제나 사회적 접근이 된다는 것을 깨달아야 하며, 그러한 접근은 정의의 문제를 환경에 관한 논의에 결부시켜 지구의 부르짖음과 가난한 이들의 부르짖음 모두에 귀를 기울이게 해야 한다고 말합니다.

기후위기를 가장 위기로 느끼는 사람들과 함께 안전하고 평화롭게 살기 위해 어떤 것이 필요한지 생각해 보아야 할 때입니다.

4

기업의 책임, 무엇을 바꿀까

우유팩과 일반 종이는 구분해서 배출해요. 우유팩만 따로 모아 재활용하면
고급 냅킨, 화장지 등으로 재활용이 가능해요.

기후위기의 불평등과 책임은 선진국이나 소득 상위로 설명하는 것 외에도 기업을 대상으로 살펴보았을 때도 찾아볼 수 있습니다.

영국의 비영리기구인 탄소공개프로젝트CDP는 겨우 100개의 기업이 전 세계의 온실가스 중 71% 이상을 배출했다고 발표했습니다. 또 산업 혁명 이후 160년 동안 100개의 기업이 온실가스 총 배출량의 52%에 해당하는 화석 연료를 생산·공급했습니다. 엑슨모빌, 셸, BP, 셰브론 등의 다국적 화석 연료 기업들이 엄청난 이윤을 누리고 있는 것입니다.

만약 앞으로도 지금처럼 화석 연료가 생산·소비되면 세계 평균 기온은 금세기 말에 4도나 올라가게 됩니다. 이는 인류를 비롯한 지구 생명에게는 재앙이나 다름없는 결과입니다.[30]

영국의 또 다른 환경단체 탄소추적Carbon Tracker은 "화석 연료 기업들은 10년만 지나면 국제적 기후변화 대응과 재생 에너지 기술 발달에 따라 쓸모없어질 수도 있는 석탄, 석유, 가스 프로젝트를 추진함으로써 2조 달러(약 2천3백2조 원) 이상 낭비할 위험성이 있다"고 2015년 보고서를 통해 밝혔습니다.

미국의 환경단체 시에라클럽도 "화석 연료 산업은 도덕적으로뿐만 아니라 경제적으로도 위험하다. 청정 에너지로 향하는 추세가 가속되고 있다"면서 화석 연료 기업에 경고하고 있습니다.

---

30 "불과 100개 기업이 30년간 세계 온실가스 배출 71% 책임". 연합뉴스. 2017.07.11. https://www.yna.co.kr/view/AKR20170711116100009

한국 상황을 보아도 비슷합니다. 2020년 기준으로 상위 11개 기업 집단이 배출하는 온실가스가 국가 전체의 64%를 차지합니다. 그중 온실 가스 배출이 가장 많은 민간 기업은 포스코 그룹입니다. 하나의 기업 집 단이 국가 전체 온실가스 배출의 13%를 배출하고 있으니 어마어마한 양입니다.

2위는 현대자동차 그룹, SK, GS, 삼성, LG, 한화, 현대중공업, 롯데, 농협이 그 뒤를 이었습니다. 각 그룹의 계열사 중에서 온실가스 배출 비 중이 높은 업종은 철강(포스코, 현대제철), 정유(GS칼텍스, SK에너지, 현대 오일뱅크), 석유화학(LG화학, 롯데케미칼, 한화토탈), 반도체(삼성전자) 등이 었습니다.

공공 기업 집단도 예외는 아니었습니다. 바로 한국전력공사와 5개 발전 회사가 포함된 전력 그룹입니다. 이들 공기업은 포스코 그룹보다도 많은 양을 배출하며 국가 전체 온실가스 배출의 28%를 차지했습니다. 전력 기업이 온실가스를 많이 배출하는 이유는 석탄 발전이 그들의 주 요 사업이기 때문입니다.

이들 11개의 기업 그룹은 모두 석탄과 석유를 기반으로 성장하고 있 습니다. 포스코 그룹은 삼척에 석탄화력발전소를 건설하고 있습니다. SK 는 호주의 가스전을 개발하는 바로사 프로젝트에 투자하고 있습니다. 한 전과 그 계열사는 재생 에너지 확대는 뒷전이고 여전히 석탄과 핵 연료 로 전기를 만들고 있습니다. 화석 연료 사용을 줄이면서 기후위기에 대응해야 하는 시대적 흐름과는 반대 방향을 잡은 것입니다.

흔하게 문제되는 플라스틱의 경우도 마찬가지입니다. 우리 생활을 편리하게 해 주는 플라스틱이지만, 플라스틱이 기후변화와 환경 오염에 큰 영향을 미친다는 것을 모르는 사람은 없을 겁니다. 최근엔 배달 사업 발달과 코로나19 사태로 인하여 배달 용기나 포장 용기로 사용량이 부쩍 늘어서 큰 골칫거리로 등장하고 있지요.

하지만 우리가 살짝만 주변을 돌아보아도 군이 없어도 될 것 같은 곳에 플라스틱 포장재나 물건이 포함되어 있는 것을 쉽게 볼 수 있습니다. 그중 하나가 바로 '트레이'입니다.

한 환경단체가 2021년 자원순환의 날을 맞아 CJ제일제당, 오뚜기, 풀무원에 '즉석 조리식품 내의 플라스틱 트레이 제거 계획'을 질의한 결과를 공개했습니다. CJ제일제당과 오뚜기는 플라스틱 트레이를 제거할 계획이 있다고 답했고, 풀무원은 답변하지 않았다고 합니다. 답변한 기업의 경우 플라스틱 트레이가 없을 때 제품의 안전성을 검증하고, 현재 생산 설비를 플라스틱이 아닌 종이로 대체하는 등의 노력을 하겠다고 밝혔습니다.[31]

플라스틱 사용이 늘고 있는 상황에서 개인이 각자 알아서 플라스틱을 줄이려고 노력하는 것은 한계가 있습니다. 두부 하나를 사더라도 플

---

31 CJ · 오뚜기 "플라스틱 트레이 포장 제거 예정"…풀무원은 '무응답'. 한겨레. 2021.09.05. https://www.hani.co.kr/arti/society/environment/1010518.html

라스틱에 포장되어 있으니까요. 기업이 물건을 생산할 때부터 플라스틱을 줄일 수 있도록 먼저 노력해야 합니다.

기후위기에 대응하기 위해서는 온실가스 배출이 많은 기업이 더 큰 책임을 져야 합니다. 많은 양을 배출해 온 역사적 책임도 있지만, 우리 생활에 필요한 것을 생산하는 위치에서 그 생산을 바꾸는 노력을 해 나가야 하는 책임도 있습니다.

개인은 자동차를 덜 타고, 휴대폰을 자주 바꾸지 않고, 전기를 아껴 쓰는 다양한 실천을 통해 기후위기에 대응할 수 있습니다. 하지만 결국 기업의 차원에서 계속하여 탄소 배출이 많은 철을 생산하고, 화석 연료를 이용해 휴대폰을 만들고, 석탄에서 전등을 켜는 전기를 만든다면 개인의 실천만으로는 기후위기를 해결할 수 없을 것입니다.

5
세대 간 불평등
– 탄소 예산

9월 22일은 '세계 차 없는 날'입니다. 대중교통과 자전거, 걷기의 소중함을
생각하고 차 없는 도시의 모습을 그려 보아요.

미국 정부를 대상으로 기후 소송을 진행하고 있는 청소년 제이미 마골린은 소송에 이기는 의미를 "제가 생존할 권리를 마침내 법적으로 인정받았다는 의미일 거예요."라고 설명했다고 합니다.

최근 한국의 청소년들을 비롯하여 미국과 유럽 등에서 기후변화로부터 청소년들의 권리를 지키기 위한 소송이 이어지고 있습니다. 정부가 청소년들의 삶을 기후위기 시대에 방치했다는 것이 가장 큰 이유입니다. 청소년기후소송은 지금까지 살아온 세대, 현재를 사는 세대, 그리고 이후를 살아갈 세대 모두 안전하고 행복하게 살아야 한다는 당연한 권리를 찾기 위한 소송입니다. 그리고 현재와 미래를 위해서는 지금 당장 행동하고 변화해야 한다고 말합니다.

2021년 9월 유명 과학저널 『사이언스』에는 '기후위기가 만드는 세대 간 불평등이 심각하다'는 내용의 연구가 실렸습니다. 스위스 취리히공대와 벨기에 브뤼셀자유대학 등 국제공동연구팀이 연령대별로 극한 기후를 겪는 정도를 비교하는 연구를 진행한 결과를 보고한 것입니다.[32]

연구팀은 먼저 각 국가가 UN에 제출한 온실가스 감축 목표를 달성했다고 가정했을 때, 2020년에 태어난 아이들은 1960년대 태어난 세대가 겪는 폭염 피해의 7배에 달하는 폭염을 겪을 것이라고 추정했습니다.

---

32 "기후위기, 2020년생은 1960년생보다 폭염 7배 많이 겪을 것". 한겨레. 2021.09.27. https://www.hani.co.kr/arti/society/environment/1012891.html

가뭄이나 홍수 같은 다른 극한 기후도 더 많은 겪을 것이라고 합니다. 가뭄과 산불은 2배 많이 겪고, 홍수나 흉작은 3배 이상 경험할 것으로 분석했습니다.

각 지역에 따라 세대 간 편차는 더 커졌습니다. 2016~2020년에 유럽과 중앙아시아에서 태어난 5천3백만 명의 아이들은 극한 기후를 한평생 4배 더 많이 겪는 반면, 사하라사막 이남의 아프리카에서 태어난 1억 7천2백만 명의 어린이는 5.7배에 달하는 피해를 당할 것으로 예측했습니다.

세대 간에도 온실가스를 많이 배출한 세대와 적게 배출하지만 피해가 큰 세대를 나눌 수 있습니다. 『사이언스』의 보고서처럼 피해가 큰 세대는 오히려 앞으로 배출할 수 있는 탄소의 양은 줄어들게 됩니다. 1960년대에 태어난 세대가 경제 성장을 이루면서 엄청난 양의 탄소를 배출했고, 이로 인해 지구는 이미 위기의 신호를 보내고 있으니까요. 그럼 우리가 앞으로 배출할 수 있는 탄소의 양은 얼마나 될까요?

지구의 온도 상승폭을 1.5도로 억제해야 한다는 IPCC의 특별보고서에 따르면 2050년까지 탄소 배출을 '0'으로 만들어야 합니다. 그때까지 인류에게 허용된 온실가스 배출량을 우리는 '탄소 예산'이라고 부릅니다. 인류는 끊임없이 탄소를 배출하고 있기 때문에 탄소 예산은 시간이 갈수록 줄어들다가 결국 '0'에 도달하게 됩니다.

만약 인류가 남아 있는 탄소 예산보다 더 많이 배출하게 된다면 지구의 온도 상승을 1.5도 이하로 막지 못하여 기후 재앙에 직면하게 될지도 모릅니다. 그레타 툰베리가 2019년 연설을 통해 420Gt의 탄소 예산을 소진하는 데 8년이 걸릴 것이라고 했으니, 2021년 시점으로 계산하면 이제 6년여가 남아 있습니다. 앞으로 살아갈 날이 많은 청소년, 또는 2020년에 태어난 세대에게는 주어지는 탄소 예산이 거의 없다는 의미입니다.

그러니 청소년들이 기후위기에 대응하기 위해 지금 당장 석탄 발전을 멈추라고 요구하는 것은 당연한 권리입니다. 앞으로 탄소를 배출하지 않으면서도 지속 가능하도록 사회 시스템을 바꾸라고 요구하는 것도 당연합니다. 그렇지 않으면 폭염과 홍수 피해를 몇 배나 많이 겪는 재앙적인 기후 상황을 맞닥뜨리게 될 것이 분명하기 때문입니다.

청소년들이 정부를 상대로 소송을 한다?

2020년 3월, 청소년기후행동 소속 활동가들은 국가를 상대로 '청소년기후소송'을 제기했습니다. 청소년기후소송은 기후위기에 대한 정부의 적극적 대응을 촉구하기 위한 헌법 소원입니다.

소송의 내용을 보면 "정부의 소극적인 기후위기 대응이 생명권 등 헌법적 기본권(생명권, 환경권, 행복추구권 등)을 침해하고 있다"가 가장 중요한 내용인데요, 국내에서는 첫 기후변화 관련 소송이자 아시아 최초입니다.

조금만 더 자세한 내용을 들여다볼까요? 이 소송의 원고는 청소년기후행동 소속 19명으로 모두 청소년들이고 피청구인은 대한민국 국회와 대통령입니다. 청소년들은 "기성세대가 그랬던 것처럼 청소년들도 미래를 마음껏 꿈꿀 권리가 보장되어야 하고, 이번 소송은 그 당연한 권리를 되찾기 위한 청소년들의 싸움"이라고 설명하고 있습니다.

원고로 참여하고 있는 15살 윤현정 활동가는 "나의 미래에 기후위기가 존재한다면 나는 행복할 수 없고, 살아갈 수조차 없을 것이다. 나의 생존과 행복을 위해 원고로 참여한다"고 참여하는 의도를 밝혔습니다.

또 다른 원고인 17살 오연재 활동가는 "기후변화 대응을 위해서 그리고 나의 기본권을 지키기 위해서 원고로 참여한다. 특별하거나 화려한 미래를 바라지 않는다. 딱 지금만 같았으면 좋겠다"는 바람을 나타냈다고 합니다.

6

젠더로 보는 기후 불평등

기후위기 관련 소식에 관심을 가져요. SNS 등을 통해 친구들에게 알리면서
함께하는 행동을 만들어요.

젠더gender 불평등을 이야기하기 전에 먼저 '젠더'라는 말을 설명할 필요가 있겠습니다. 젠더는 생물학적인 남성과 여성 구분이 아니라 사회적인 성性을 구분하는 말입니다. 사회적 · 문화적 · 심리적 특징, 즉 성 역할, 성 정체성, 사고방식, 행동 양식 등을 모두 포함합니다.

여기서는 남성과 여성의 구분을 바로 이 사회적인 성의 개념으로 사용합니다.

기후위기의 피해는 남성과 여성 중 누구에게 크게 다가올까요? 2020년 10월 영국의 환경전문사이트 카본 브리프는 130개의 연구 중 89개(68%) 연구에서 여성이 남성보다 기후변화로 인한 영향을 더 많이 받는다고 발표했습니다.

1981~2002년 사이에 발생한 자연재해만 살펴보더라도 자연재해로 인해 사망한 여성과 아동의 수는 남성 사망자 수보다 14배나 많았습니다. 1991년 방글라데시 홍수 피해자의 90%, 2004년 인도네시아 쓰나미 사망자의 75%가 여성입니다. 2003년 프랑스에서는 폭염으로 1만 5천여 명이 사망했는데, 그중에 여성이 70%에 달했습니다.

가뭄이나 사막화, 홍수나 태풍, 전염병 등은 여성에게 그 자체로서도 가혹하지만, 가족을 돌보는 역할을 하는 저소득 국가의 여성에게는 더 힘든 환경을 만듭니다. 저소득 국가의 여성들은 식량을 구하기 위해 더 많은 노동을 하게 되고, 각종 폭력에 노출되는 위험이 커집니다. 학업의 기회를 빼앗기기도 하고 가정을 돌보는 노동을 더 많이 하게 되기도 합니다.

기후 난민의 80%가 여성이라는 UN의 보고를 보더라도 기후위기가 여성에게 훨씬 더 가혹하다는 것을 알게 됩니다. 태풍이나 가뭄으로 삶의 터전을 잃고 난민이 되었을 때 여성은 노인이나 어린이들을 돌보아야 하는 의무까지 떠안으면서 더 많은 굶주림과 질병에 시달리게 되기도 하지요.

한국의 상황을 보아도 마찬가지입니다. 한국의 농촌에는 여성 농민의 수가 남성 농민의 수보다 더 많습니다. 또한 남성 농민은 기계로 할 수 있는 벼농사를 주로 한다면 여성 농민은 주로 밭농사를 담당하면서 쪼그려 앉거나 무거운 작물을 드는 등 무리가 가는 일을 많이 합니다. 그러다 보니 여성 농민이 근골격계 질환에 걸리는 확률이 남성 농민보다 월등히 높습니다.

농사일이 끝나면 가사노동으로 이어지는 삶을 살고 있습니다. 여성 농민의 가사 노동시간은 평균 4.7시간이지만 남성 농민은 0.6시간에 불과합니다. 그러나 여성 농민의 중요성에 비해 그 가치를 인정받지 못하고 소득도 훨씬 적습니다.

도시라고 해서 크게 다르지는 않습니다. 코로나19로 재택근무가 많아지고 학교에 가지 않는 어린이들이 늘어나면서 여성의 가사노동과 돌봄노동은 더 많이 증가했습니다. 경제적인 어려움으로 일자리를 잃는 사람도 남성은 10배 증가하는 사이 여성은 44배나 증가했습니다.

교육 서비스업의 일자리 역시 남성은 31% 감소했지만, 여성은 70%나 감소하는 차이를 보였습니다. 우리 주위에서 자주 마주치는 수도나 가스 검침원, 청소 노동자 등도 기후위기로 인한 폭염 피해에 적나라하게 노출되지만, 사회적으로 이들에 대한 정책은 거의 없습니다.

기후위기는 사회 불평등과 함께 나타납니다. 젠더 불평등을 바로잡으려는 노력이 필요한 이유도 바로 여기 있습니다. 매일 저녁 텀블러를 씻고, 쓰레기 분리배출을 꼼꼼하게 하는 등의 착한 실천 역시도 여성이 더 많이 하는 것이 우리의 현실입니다.

그런데 막상 기후위기를 해결하는 정책을 결정하는 권한은 남성에게 더 많습니다. 여성의 사회적 참여가 많아지고 있지만, 여전히 부족합니다. 기후위기의 피해는 여성에게 더 크지만, 결정 권한은 적은 이 상황도 기후 불평등 현장의 하나입니다.

기후위기를 해결하기 위해 '정의로운 방법'이 필요하다면 그 속에서 젠더 불평등을 어떻게 바라보고 함께 해결해 나갈 수 있을지 고민해 보아야 합니다.

물 뜨는 여자들

옛날 우리 할머니들은 동네 우물에서 먹을 물을 뜨고 냇가로 이동해 빨래를 했습니다. 지금은 수도 시설이 잘되어 있어서 그런 사람들이 거의 없지요. 하지만 여전히 먹을 물을 구하기 위해 몇 시간씩 걸어야 하는 나라들이 많습니다.

그런데 이 일의 책임은 대부분 여성에게 있습니다. 유니세프 UNICEF의 2016년 보고서 「UNICEF, Safely managed drinking water, 2017」는 외부로 물을 얻으러 가는 일의 80%가 여성과 어린이들에게 맡겨지고 있다고 합니다. 남수단 농촌 지역에서는 물을 얻는 데 여성과 소녀들의 노동이 90%를 차지한다고 합니다. 말라위에서도 남성은 6%, 여성은 84%의 책임을 지고 있지요.

물을 얻기 위해 쓰는 시간도 어마어마합니다. 전 세계 여성 또는 소녀가 매일 물을 얻기 위해 쓰는 시간의 총량은 무려 2억 시간에 달합니다. 무려 830만 일에 달하는 시간이지요.

기후위기와 가뭄은 물 뜨러 가는 시간을 더 길게 만듭니다. 물 있는 곳이 점점 더 멀어지기 때문입니다. 기후위기가 심해지고 사막화가 진행되면 그 거리는 더욱더 길어질 것입니다.

이는 단지 물 뜨는 시간이 길어지는 것에서 그치지 않습니다. 가는 길에서 발생하는 강간과 폭력, 물을 뜨는 노동에서 오는 질환도 많아질 것입니다. 소녀들은 물을 뜨는 일 때문에 학교에 갈 시간을 빼앗기기도 합니다.

최근 워싱턴포스트지의 보도에 따르면 기후변화로 인해 2025년까지 매년 1천2백만여 명의 소녀들이 학업을 중단할 수 있다고 합니다. 이미 2021년에도 기후 관련 문제로 인하여 저소득 국가에서 최소 4백만 명의 소녀들이 교육을 미치지 못할 것으로 추정하고 있습니다.[33]

기후변화로 농사를 망치면 그 피해는 소녀들이 고스란히 떠안습니다. 부모들이 농사일을 거들게 하거나 돈을 아끼기 위해 나이 많은 남자와 결혼을 시키는 등의 이유로 학업을 중단시키기 때문이에요.

33 지구 병들수록 더 아픈 건 소녀들… 기후정의가 '젠더정의'인 이유. 한국일보. 2021.11.09. https://www.hankookilbo.com/News/Read/A2021110911080002638

7

함께 사는 지구
— 생명과 환경 영향

우리나라에서는 일 년에 빨대를 100억 개 사용합니다. 이제 음료를 살 때
"빨대는 안 주셔도 돼요!"라고 말해 보아요.

다음의 여러 가지 사례를 함께 살펴보고 함께 사는 지구를 위한 길이 어떤 방향인지 생각해 보도록 합시다.

사례 1. 2021년 10월. 노르웨이 법원, 원주민의 권리를 우선하다 [34]

노르웨이의 로안과 스토헤이아 지역은 총 13억 달러가 투입된 유럽 최대의 육상 풍력단지로 총 151개의 풍력발전기가 있습니다. 기후위기에 대응하기 위해 세워지는 재생 에너지 시설로 큰 의미를 가졌습니다.

하지만 이 건설은 그 지역에서 순록을 키우던 원주민 사미족에게는 또 다른 위기가 되었습니다. 높이 솟은 풍력발전기 모습과 거기서 발생하는 소음이 순록들의 이동과 먹이 활동에 문제를 일으켰기 때문입니다. 사미족들은 이런 상황은 기후정의가 아니라 기후 부당함이라고 하소연하면서 법원에 소송을 냈습니다.

노르웨이 법원은 발전사가 원주민의 권리를 침해했다고 판결하면서 이 건설은 무효라고 밝혔습니다. 기후변화에 대응하는 취지가 좋은 것이라 할지라도 원주민들의 권리가 우선한다는 내용입니다.

사례 2. 2021년 10월. 새만금신공항 건설, 천연갯벌 지켜야 [35]

정부는 서해안의 새만금 매립 부지 내에 공항을 신설하고 군산 공항과 통합할 계획입니다. 아시아 근교 도시에서 전라도 지역의 접근성을

---

34 노르웨이 법원, 원주민 무시한 '녹색 식민주의'에 철퇴… 151개 풍력터빈 '해체 위기'. 경향신문. 2021.10.12. https://www.khan.co.kr/world/europe-russia/article/202110121556001

높여 한류 관광을 넓힌다는 취지입니다.

하지만 시민사회단체는 새만금신공항 부지에 들어간 수라갯벌과 주변 지역은 환경부가 지정한 국제적인 멸종위기 1급 조류인 저어새 · 황새 · 흰꼬리수리 · 매 등과 더불어 멸종위기 2급 야생 동물인 흰발농게 · 금개구리 · 쇠검은머리쑥새 · 잿빛개구리매 · 수달 등 40종 이상의 법정보호종이 서식하고 있다고 밝혔습니다.

지금까지 확인된 법정보호종만으로도 수라갯벌의 보존 가치가 충분한 상황에서 무리한 공항 추진은 문제가 있다는 입장입니다.

사례 3. 2019년 7월. 새만금과 태양광을 바꾸다 [36]

전북 새만금에 세계 최대 규모의 수상태양광 발전 사업이 추진됩니다. 정부의 계획에 따라 한국수력원자력은 여의도 면적의 10배에 달하는 새만금호 위에 수상태양광 발전 사업을 추진하게 되었습니다.

하지만 이 사업으로 인근 주민들은 바다 생태계가 파괴되어 생존에 위협이 되지 않을까 우려하고 있습니다. 새만금에 방조제가 생긴 이후 전북의 어획량은 50% 이상 줄었고, 갯벌과 바다가 썩어서 백합이나 소라, 노랑조개 등이 자취를 감췄습니다.

그동안 새만금에 해수 유통을 해야 한다고 주장하던 주민들에게 태

---

35 "세계자연유산 지정 새만금갯벌 신공항 계획 철회하라", 전북시민단체 촉구. 한국농어촌방송. 2021.08.02. http://www.newskr.kr/news/articleView.html?idxno=70029

36 4.6조 투입 새만금 수상태양광의 역설. 신동아. 2019.08.20. https://shindonga.donga.com/3/all/13/1822018/1

양광 건설 사업은 생태계도 죽이고 주민들도 피해를 입는 무모한 사업일 뿐입니다.

사례 4. 2018년 10월. 설악산 산양 법정에 서다 [37]

강원도에 위치한 국립공원 설악산. 그 설악산에 케이블카를 설치하겠다는 계획이 나왔습니다. 설악산에 사는 산양 28마리는 케이블카가 설치되면 자신의 삶터를 빼앗기게 된다며 케이블카 공사 허가를 취소해달라 소송을 제기했습니다. 산양이 직접 법정에서 증언할 수 없으니 산양의 후견인으로 인간인 환경활동가가 나섰습니다.

하지만 법원은 결국 동물은 소송 당사자 자격이 없고 후견인 역시도 인정하지 않았습니다. 이 상황이 가상 답답한 것은 후견인이나 설악산을 지키려는 인간들이 아니라, 자신의 터전이 파괴되는 것을 눈뜨고 바라보아야 할 산양입니다.

기후위기가 인간들의 화석 연료의 사용과 산업 발달에 기인한 것이라는 사실은 앞서 이야기했습니다. 그 과정에서 인류는 자연을 파괴하고 다른 생명의 가치를 무시하고 못 본 척했습니다.

하지만 우리는 여전히 개발의 꿈을 놓지 않고 있습니다. 기후위기에 대응한다면서 숲을 파괴하고, 갯벌을 파괴하고, 그 안에 사는 생명들을

---

37 케이블카 백지화로 '위기 탈출'…설악산 산양의 편지. 한겨레. 2019.09.17. https://www.hani.co.kr/arti/animalpeople/wild_animal/909800.html

잊고 살아갑니다. 재생 에너지가 필요하다고 하면서 산과 바다와 갯벌에 풍력과 태양광 발전을 건설하고 있습니다.

인류가 기후위기라는 재앙을 피하기 위해 하는 행동이 다른 생명들에게는 생존의 위협이 될 수 있음을 잊지 말아야 합니다. 어떻게 함께 어울려 살아갈 수 있을지, 어떤 방법이 기후위기 해결의 올바른 해법인지 잘 살펴야 합니다.

8

기후위기 책임이 모두에게 있다는 거짓말

지금 옷장을 열어 옷을 정리해 보세요. 어떤 옷이 있는지 확인하고 잘 정리하면 불필요하게 사는 옷을 줄일 수 있어요.

지금까지 기후위기와 불평등에 관해 이야기 나누었습니다. 기후위기가 인간의 활동 때문이라는 것은 분명하고, 피해는 전 지구적으로 나타나는 중이지요.

기후위기 해결의 열쇠를 찾기 위해서는 온실가스의 배출 책임은 어디에 있는지, 기후위기 피해는 누가 더 많이 입는지를 살펴보아야 합니다. 기후위기를 논할 때 안타까운 사실은 지구 온난화와 기후변화를 인식한 그때 바로 행동을 했으면 지금처럼 심각해지지 않았을 거란 사실입니다.

1992년 리우환경회의에서 채택한 약속을, 1996년 교토의정서로 함께 나눈 약속을 전 세계가 책임지고 지켰다면 지금보다는 훨씬 상황이 나아졌을 겁니다. 하지만 기후변화를 막는 행동은 거의 없는 채로 시간이 흘렀습니다.

여기서 떠오르는 의문이 있습니다. 왜 인류는 알면서도 온실가스를 줄이지 않았을까요? 왜 각 나라는 자신들이 한 약속을 지키지 않았을까요? 생각해 보면 이유는 간단합니다. 온실가스를 줄이는 것이 자국 경제에 도움이 되지 않는다고 생각했기 때문입니다. 지금 당장 행동하지 않아도 괜찮다는 안일한 생각 때문입니다.

기후위기 시대에 도달한 책임은 누구에게 있을까요? 앞서 살펴본 것처럼 화석 연료를 사용하면서 경제 성장을 이룬 선진국들, 화석 연료를 팔면서 이윤을 얻은 기업들, 경제 구조 안에서 서로 연결되어 있는 정치인이나 부자들의 책임이 큽니다. 그리고 지구 안에서 하루하루 생활하고 있는 우리 모두도 책임이 있습니다.

단순히 선진국에 사는 부자 한 사람이 온실가스를 더 많이 배출한다거나 남반구에 사는 가난한 한 사람은 온실가스를 적게 배출한다는 의미가 아닙니다. 예를 들어 전기가 들어오지 않는 곳에 살고 있어서 밥을 짓는 데 경유나 휘발유를 사용해야 한다면 편리하게 전기를 사용하는 사람보다 더 많은 온실가스를 배출하게 되니까요. 하지만 그렇다고 해서 그에게 기후위기에 대한 책임이 더 크다고 할 수는 없습니다.

똑같은 거리를 이동한다고 할 때 전기차를 구매해서 타는 사람과 여전히 경유차를 타는 사람도 서로 다르게 온실가스를 배출합니다. 하지만 그 차이는 개인의 선택 문제일 수 있지만, 경제적인 상황이나 선택 가능한 자동차의 종류 문제일 수도 있습니다.

영국의 리즈대학교의 생태경제학 교수 줄리아 스타인베르거는 "공급망 안에서 온실가스를 배출하고 있다고 해서, 그것을 조절할 힘을 가지고 있다는 의미는 아니다"라고 말합니다.[38] 조금 쉽게 이야기해 볼까요?

무더운 여름 집에 돌아오면 가장 먼저 하는 일이 에어컨이나 선풍기를 켜는 일입니다. 에어컨이나 선풍기의 세기를 가장 강하게 하기도 하

---

38 기후변화, 과연 누구의 책임인가?. BBC 코리아. 2020.06.21 https://www.bbc.com/korean/vert-fut-53125074

고, 건강과 환경을 생각해 조금 낮은 단계로 켜기도 합니다. 여기서 세기를 조절하는 것은 나의 선택입니다. 하지만 세기가 다르다고 해서 선풍기나 에어컨을 켜는 전기의 종류를 내가 선택할 수 있는 것은 아닙니다.

나는 석탄이나 핵 연료, 태양광 등 전기를 만드는 연료를 선택할 수 없습니다. 석탄 발전을 멈추고 재생 에너지 전기를 사용해야 기후위기를 해결할 수 있다는 것을 알지만, 결국 어쩔 수 없이 석탄 전기를 사용하게 되는 것입니다.

기후위기를 해결하는 정책을 결정하는 사람들은 누구일까요? 기후위기가 심각하다는 것을 알면서도 석탄 발전을 계속하겠다고 결정하고, 과잉 생산이 문제인 것을 알면서도 끊임없이 물건을 생산해 내는 사람들은 누구일까요? 무엇을 위해 그런 결정을 내리는 것일까요?

기후위기를 해결하려면 국민 모두가 실천에 동참해야 한다고 말합니다. 하지만 결정할 수 있는 사람들의 책임을 감추고 모두가 똑같이 실천해야 한다고 말하는 것은 정작 책임 있는 사람들에게 면죄부를 주는 것입니다.

그렇다면 그 결정의 권한이 없는 사람들은 아무런 행동도 하지 못하는 것일까요? 당연히 아닙니다. 결정의 권한이 있는 사람들이 어떤 결정을 하도록 요구하는 힘이 '우리들'에게 있습니다.

부당한 결정을 바로잡기 위해서는 주저하지 않고 당당하게 목소리를 내야 합니다. 나 한 사람이 내는 목소리가 모여 더 큰 목소리가 되고, 그 요구가 모여 결국 기후위기를 해결하는 정책 결정의 열쇠가 될 수 있습니다.

5

기후위기, 정의롭게 대응하기

저는 앞으로 올 모든 세대들을 위하여 말하려고 여기에 섰습니다. 저는 그 울음소리가 들리지 않는 세계 전역의 굶주리는 아이들을 대신하여 여기에 섰습니다. 저는 이 행성 위에서 죽어가고 있는 수많은 동물들을 위하여 말하려고 여기 섰습니다. 우리는 이제 더 이상 말하지 않고 그냥 있을 수는 없게 되었습니다.

저는 오존층의 구멍 때문에 이제 햇빛 속으로 나가기가 두렵습니다. 저는 공기 속에 무슨 화학물질이 들어있는지 모르기 때문에 숨쉬기가 두렵습니다. 지금 우리는 날마다 동물과 식물들이 사라지고 있다는 말을 듣고 있습니다.

이 모든 것이 실제로 우리 눈앞에서 일어나고 있는데도, 우리는 마치 우리가 충분한 시간과 해결책을 모두 가지고 있는 것처럼 행동하고 있습니다.

저는 어린아이일 뿐이고, 해결책을 가지고 있지 않습니다. 그렇지만 저는 여러분들에게도 해결책이 있는지 묻고 싶습니다. 여러분은 우리의 오존층의 구멍을 어떻게 수리할 것인지 모릅니다. 여러분은 연어를 죽은 강으로 다시 되돌아오게 할 방법을 모릅니다. 여러분은 사라져버린 동물을 되살려 놓는 방법을 모릅니다. 그리고 여러분은 지금은 사막이 된 곳에 숲을 푸르게 되살려 놓을 수 없습니다. 여러분이 고칠 방법을 모른다면, 제발 그만 망가뜨리기 바랍니다!

  사람들은 너무 많은 쓰레기를 만들어냅니다. 우리는 사고 버리고, 사고 버립니다. 그러면서도 북반구 나라들은 가난한 사람들과 나누려 하지 않습니다. 우리가 충분하게 가지고 있을 때에도 우리는 조금이라도 잃고 싶지 않고, 나누어 갖기를 두려워합니다.

  여러분 어른들은 우리를 사랑한다고 말합니다. 저는 여러분에게 호소합니다. 제발 여러분의 행동이 여러분의 그 말과 일치하도록 해 주십시오.

세번 스즈키[39]

_1992년 리우환경회의 연설문 중에서

---

39 세번 스즈키는 캐나다의 환경 운동가로, 1992년 당시 12살의 나이로 어린이 환경기구를 대표하여 리우 UN환경회의에서 연설했다. 약 6분 동안 진행된 이 연설은 30여 년이 되도록 사람들에게 큰 울림을 주는 것으로 평가받는다.

기후변화에 대응하려는 세계의 노력은 이미 오래전에 시작되었습니다. 1992년 브라질에서 열린 리우환경회의에서 최초로 UN 기후변화협약을 채택했습니다. 1997년 일본 교토에서 열린 회의에서는 교토의정서를 채택했습니다.

교토의정서는 42개 선진국들이 2012년까지 의무적으로 온실가스 배출량을 5.2% 감축하기로 하면서 선진국들의 역사적 책임을 강조했습니다. 하지만 선진국만 책임을 갖기로 한 협약은 그 효과가 부족했습니다. 오히려 1990년부터 2012년까지 전 세계 온실가스 배출량은 60%나 증가했으니까요.

2015년 파리에서 열린 제21차 UN 기후변화협약 당사국총회에서는 세계 모든 나라가 온실가스 감축에 참여하는 파리협정이 채택되었습니다. '공동의 차별화된 책임' 원칙이라고 하여 지구 평균 기온 상승 폭을 2도 이내로 억제하고 1.5도 이내로 최대한 노력한다는 내용을 담았습니다. 그를 위해서 각 나라가 스스로 온실가스 감축 목표를 세우기로 했습니다.

2021년 글래스고에서 열린 COP26는 각 국가가 제출한 온실가스 감축 목표를 점검하는 자리였습니다. 안타깝게도 국가별 감축 목표를 다 더해도 지구의 평균 온도는 약 2.4도 상승할 것으로 분석되었습니다.

결국 2022년 차기 회의까지 감축 목표를 상향하기로 합의했습니다. 2021년에 해야 할 일을 또다시 다음 해로 미루게 된 것이지요. 기후위기의 주범인 석탄 발전을 퇴출해야 한다는 논의가 있었지만, 인도와 중국 등의 반대에 부딪혀 채택되지 못했습니다.

기후위기는 과학자들의 예측보다 훨씬 빠르고 심각하게 다가오고 있습니다. 2018년 IPCC가 1.5도 특별보고서를 채택하면서 예측한 지구 온도 상승보다 빠르게 지구 기온이 올라가고 있고, 해수면 높이도 상승하고 있습니다.

2021년 발표된 IPCC 6차 보고서에 따르면, 지금과 같은 수준의 온실가스 배출이 지속될 경우 2021~2040년 중 전 지구 평균 기온이 산업화 이전(1850~1900년) 시기 대비 1.5도 이상 상승할 가능성이 크다고 보고 있습니다. 이는 1.5도 특별보고서가 제시한 시기보다 10년이나 앞당겨진 것입니다.

기후위기로 인한 재난을 막기 위해서는 2050년까지 탄소 배출량을 '0'으로 줄여야 합니다. 이 목표에 도달하기 위해서는 2030년까지 약 절반의 배출량을 줄여야 합니다.

한국도 세계의 노력에 동참해야 합니다. 세계 9위의 온실가스 배출국으로써 2050 배출 제로와 2030년까지 절반 이상을 감축해야 할 의무가 있습니다.

한국은 2050년 탄소중립 비전을 발표하고 탄소중립위원회를 구성하여 2050년까지 탄소중립 시나리오를 만들었습니다. 한국은 2030년까지 온실가스 배출을 2018년 대비 40%로 감축하겠다는 목표를 UN에 제출했습니다. 안타깝게도 한국의 배출 책임에 비하면 많이 부족한 계획입니다.

IPCC는 1.5도 특별보고서를 통해 기후위기를 해결하기 위해서는 전례 없는 변화, 광범위한 변화를 이루어야 한다고 강조하고 있습니다. 광범위하고 전례 없는 변화는 사회 전반에 걸쳐 진행될 수밖에 없습니다. 사는 집, 먹는 것, 입는 것, 탈 것 그리고 사회 시스템 모두 말입니다.

1
우리는 어떻게 기후위기를 해결할 수 있을까?

제로웨이스트 가게에 가면 쓰레기도 없고, 과대 포장도 없고, 알맹이만 있고!
가까운 제로웨이스트 가게를 찾아보아요.

기후위기를 해결할 방법은 무엇이 있을까요? 우리는 기후위기 원인이 온실가스라는 점, 그리고 불평등한 모습으로 나타나고 있다는 사실을 알고 있습니다. 기후위기를 단순히 온실가스 배출량을 줄이는 것으로만 해결하긴 어렵습니다.

전 세계는 과감하고 이전에 없던 변화를 이룰 방법을 찾기 위해 꾸준히 노력하고 있습니다. 기업가이자 환경운동가인 폴 호컨은 기후변화를 막을 수 있을 방법에 대해 각 나라의 과학자와 정책 전문가에게 의견을 물었다고 합니다. 그의 저서 『플랜 드로다운』에는 이 의견을 모아 기후변화를 해결할 100가지 방법을 실었습니다. 이들 중에는 정책을 바꾸고 기업을 규제하는 방법도 있고, 기술 개발이 필요한 부분도 있으며, 개개인이 실천할 수 있는 방법도 함께 담겨 있습니다. '플랜 드로다운' 말고도 각 국가와 도시에서 기후위기 해결을 위해 노력하고 있는 정책이 많이 있습니다. 그중 공통적인 몇 가지를 알아볼게요.

모두가 알고 있듯이 에너지 전환은 기후위기 해결에 필수적인 요소입니다. 대표적인 것이 풍력 발전과 태양광 발전입니다. 풍력이나 태양광 발전은 바람과 태양을 원료로 사용하기 때문에 화석 연료에서 전기를 얻는 것보다 온실가스 발생이 훨씬 적습니다.

석탄 발전으로 1kWh의 전기를 만들 때 발생하는 온실가스의 양이 약 990g이라면, 태양광발전은 54g, 풍력발전은 14g 정도를 배출합니다. 에어컨을 켤 때 우리 집에서 사용하는 전기를 어떤 원료로 생산했느냐에 따라 온실가스 배출량이 매우 다르다는 의미입니다.

전 세계적으로 재생 에너지 발전은 빠르게 확대되고 있습니다. 2020년에 EU의 풍력 발전은 전체의 16.4%에 달하고 있고, 2050년에는 50%로 높일 예정입니다. 이미 유럽에서는 풍력 발전이 석탄 발전보다 저렴해졌습니다. 우리나라의 경우에는 풍력 발전 설비가 전체의 8.7%입니다.

태양광 발전도 마찬가지입니다. 미국은 2050년까지 전체 재생 에너지 발전 비중에서 태양광 발전이 차지하는 비중을 47% 이상으로 올릴 계획입니다. 미래의 핵심 에너지원이 되는 것이지요. 우리나라도 2021년 여름, 최대 전력 사용 시간(오후 2~3시)에 태양광 발전이 차지하는 비중이 총 전력 수요의 약 11.1%(10.1GW)나 되었습니다.

기술 향상으로 효율도 상당히 높아지고 있습니다. 똑같은 면적에 태양광 발전을 설치했을 때 생산할 수 있는 전기의 양이 점점 많아지고 있는 것입니다. 설치 방법이나 디자인도 매우 다양해져서 더 많은 곳에 활용할 수 있습니다.

인류가 사용하는 재료 자체가 기후변화를 유발하는 원인이 되기도 합니다. 대표적인 것이 플라스틱이나 시멘트, 냉매입니다. 『플랜 드로다운』에서는 기후변화를 해결하는 가장 효과적인 방법으로 냉매 관리를 꼽습니다.

냉매는 에어컨이나 냉장고처럼 차가운 공기가 필요한 기기에 들어가는 물질입니다. 예전에는 주로 프레온 가스를 많이 사용했는데 이 가스는 오존층 파괴의 주원인으로 지목되어 1987년 몬트리올의정서에서 사용을 금지했습니다. 그 대체 물질로 세계에서 주로 사용하는 것이 수소불화탄소입니다.

수소불화탄소는 이산화탄소보다 지구온난화지수가 무려 1,430배 이상 높습니다. 이에 따라 2016년 열린 기후변화당사국총회COP23에서 미국과 유럽 등의 선진국은 2019년부터 단계적으로 수소불화탄소의 사용을 줄일 것을 합의했습니다. 한국과 중국 등 100여 개 개발도상국은 2024년부터 난계석인 감축에 들어갑니다.

2021년 5월, 미국은 온실가스 감축 목표 달성을 위해 수소불화탄소의 사용을 향후 15년 동안 85%까지 줄이자는 계획을 제안했습니다. 유럽에서는 수소불화탄소를 대체할 냉매로 이산화탄소를 활용하는 시스템 개발에 적극 나서고 있습니다. 수소불화탄소보다 지구온난화지수가 낮고 전기 사용도 줄어든다는 장점이 있기 때문입니다.

우리가 매일 먹는 음식이 기후변화의 원인이라는 사실을 알게 되면 음식 관련 대책이 필요하다는 것을 알 수 있겠지요. 축산을 위한 사료 생산과 열대 우림의 파괴, 음식물 쓰레기의 영향 등을 더하면 우리가 먹는 음식은 기후위기에 엄청 많이 기여하고 있습니다.

음식물 쓰레기를 최소화하는 것, 채식 위주의 식단으로 바꾸는 것, 유기농·재생 농업으로 농업 방식을 바꾸는 것, 농지를 복원하는 것 등이 기후변화를 해결하는 방법으로 거론되는 것도 그 때문입니다.

기후위기는 부족보다는 과잉에서 온다는 말처럼 지구촌 어느 곳은 굶주림에 시달리고 어느 곳에서는 엄청난 양의 음식이 쓰레기로 버려집니다. 음식물 쓰레기가 많다는 의미는 음식을 만드는 데 필요한 물과 에너지도 함께 버려진다는 의미입니다. 고소득 국가에서는 최대 35%가 소비자에 의해 버려진다고 합니다. 너무 많이 생산해서 다 소비하지 못하고 버려지는 음식물은 생산할 때도 버려질 때도 많은 에너지를 사용합니다.

2020년 FAO가 발표한 자료에 따르면 축산업에서 배출하는 온실가스가 전체의 약 16.5%에 달할 만큼 육식이 지구에 미치는 영향이 상당하다고 합니다. 채식을 선택할 수 있는 제도를 확대하고 채식 위주의 식단이 건강 면에서도 좋다는 것이 많이 알려진다면 의미 있는 변화를 만들 수 있을 것입니다.

건축, 교통, 도시 분야도 바꿔야 하는 분야입니다. 도시는 수많은 인구와 그들이 생활하는 건물, 이동을 위한 교통으로 인해 기후위기의 주범이 됩니다. 하지만 건축을 바꾸고 수송을 바꾸면 보다 건강한 공간이 될 수 있습니다.

먼저 건축 분야에 있어서 가장 먼저 떠오르는 것은 제로에너지 건물입니다. 단열이나 LED조명 등 효율화된 설계로 에너지 사용을 줄이고, 태양광 발전이나 지열 사용, 마이크로그리드(소규모 지역에서 에너지의 공급과 수요를 관리하여 효율성을 높인 지능형 전력 시스템), 옥상 녹화 등을 통해 건물에서 사용하는 에너지를 직접 생산합니다.

대중교통과 자전거 도로를 더 많이 확보하고 녹지를 늘려 걷기 좋은 도시로 만듭니다. 필요하다면 전기차를 이용할 수도 있습니다. 다른 지역으로 이동할 때는 기차를 활용하지요. 이렇게 도시 속 건축과 교통 요소가 변화하면 도시는 기후위기의 주범이 아니라 기후위기에 대응하는 공동체로써의 역할을 맡을 수 있을 것입니다.

하지만 온실가스를 감축한다고 해서 다 좋은 방법은 아닙니다. 플랜드로다운에서도 온실가스 감축에는 의미가 있지만, 결국에는 후회스러운 해결책 몇 가지를 언급하고 있습니다. 대표적인 것이 바로 핵 발전입니다.

핵 발전은 화석 연료를 직접 사용하지 않으므로 온실가스를 적게 배출합니다. 그래서 온실가스 감축을 위해서 필요한 발전소라는 주장이 나오는 것이고, 우리나라도 예외는 아닙니다. 그러나 핵 발전은 위험하기도 할 뿐만 아니라 비용도 훨씬 비쌉니다. 발전소를 건설하는 데 필요한 시간도 깁니다. 특히 핵 발전소가 있는 지역 주민들은 방사능 피해나 사고로 인한 불안을 고스란히 안고 살아갈 수밖에 없어요.

그래서 폴 호컨은 핵 발전은 후회막심한 해결책이며 체르노빌과 스리마일섬, 후쿠시마 등에서 이미 후회스러운 일이 발생했다고 말했습니다. 또한 3중 수소 방출, 폐우라늄 광산, 불법 플루토늄 밀매, 핵 폐기물 처분과 관리 등도 무시할 수 없다고 말하고 있습니다.

지금까지 기후변화를 막을 방법을 살펴보았습니다. 물론 이것만으로 기후위기를 해결할 수 있는 것은 아닙니다. 기후위기 해결에 있어서 중요한 것은 이렇게 확실하고 과감한 방법을 제시하면서 지금 당장 행동해야 한다는 것이며, 확실하고 정의로운 방법을 선택해야 한다는 사실입니다.

2

탈석탄, 탈핵, 그리고 재생 에너지

제로웨이스트 가게1 : 더 피커
국내 최초 제로웨이스트 라이프스타일 플랫폼이에요. 쓰레기의 문제를 시장의 과도한 편의주의, 위생주의에서 찾고 건강했던 과거 지점을 복원함으로써 시장 문화를 회복시키고자 합니다.

지구의 평균 기온 상승을 1.5도 이내로 제한하기 위해서 필수적인 것은 바로 인류가 사용하는 에너지를 바꾸는 것입니다. 그동안 석탄이나 석유 같은 화석 연료를 사용하던 방식에서 태양이나 바람과 같은 재생에너지로 바꾸어야 합니다. 앞서 언급했던 것처럼 석탄과 석유의 사용은 온실가스를 발생시키고 그중 석탄은 기후위기의 가장 큰 요인이기 때문입니다.

IPCC가 발표한 보고서에 따르면, 전력과 열을 생산하는 분야에서만 전체 온실가스의 1/4이 발생합니다. 산업과 교통, 건물 분야의 발생량을 합하면 에너지 분야에서만 전체 온실가스의 3/4에 달합니다.

한국의 상황도 마찬가지입니다. 오히려 한국은 탄소가 많이 나오는 산업이 많기 때문에 전체 온실가스 발생량 중 에너지 분야가 차지하는 비중은 무려 87%나 됩니다. 석탄과 가스를 이용한 발전 분야를 비롯하여 제철이나 석유화학, 시멘트 산업 등이 포함됩니다.

따라서 기후위기 해결을 위해 에너지 전환을 한다는 것은 거의 모든 재화의 생산과 소비, 그 시스템을 바꾸어야 한다는 것을 의미합니다.

에너지 전환에서 가장 먼저 추진해야 할 것은 바로 탈석탄입니다. 세계에너지기구IEA는 2050년까지 탄소중립에 도달하려면 2040년까지 전세계가 전력 부분에서 탈석탄을 이루어야 한다고 분석했습니다.

한국을 비롯한 OECD 가입국은 2035년까지 탈석탄을 해야만

2050년 탄소중립이 가능합니다. 2021년에는 UN 사무총장이 직접 각국 정부에 공식적으로 탈석탄을 요구하기도 했습니다. 이처럼 석탄발전소를 폐쇄하고 건설을 중단하는 등 탈석탄 정책은 빠르게 진행되고 있습니다.

2021년 9월 영국의 E3G연구소가 발표한 '2021년까지 탈석탄-세계 석탄사업의 붕괴' 보고서[40]에 따르면, 2015년 파리협정 이후 44개 정부(OECD 및 EU 27개국, 기타 17개국)는 이미 신규 석탄 사용 금지를 약속하였으며, 40개국(OECD 및 EU 8개국, 기타 32개국)은 신규 건설 계획이 없는 것으로 나타났습니다.

그 흐름에 맞춰 석탄의 가격도 달라지고 있습니다. 이미 석탄 화력발전의 발전 단가는 재생 에너지에 비해 2배 이상 비싸지고 있고, 이 격차는 앞으로 더 벌어질 것으로 예상됩니다.

하지만 아직 한국은 갈 길이 멉니다. 한국의 석탄화력발전소는 국내 온실가스 배출량 중 약 40%로 가장 큰 비중을 차지하고 있으며, 2021년에도 여전히 삼척과 강릉 등지에 신규 석탄발전소를 건설하고 있습니다.

2030년 국가온실가스감축목표를 살펴보면 2030년까지 석탄 발전의 비중을 21.8%로 낮추겠다고 계획하고 있으나 구체적인 방안이 없는 게 현실입니다.

---

40 No New Coal by 2021. E3G. https://www.e3g.org/publications/no-new-coal/

에너지 전환에서 탈석탄과 동시에 이뤄야 하는 목표가 있다면 바로 탈핵입니다. 문재인 대통령이 취임할 때 선언한 탈핵 정책으로 신한울 (울진)에 건설하고자 했던 3, 4호기 건설이 취소되었습니다. 그리고 영덕과 삼척 등에 계획했던 핵발전소 역시 취소되었습니다.

그러나 최근 핵발전소를 새로 건설해야 한다는 주장이 다시 일고 있습니다. 덧붙여 소형원자로SMR나 핵 융합 같은 새로운 핵 에너지 사용에 투자해야 한다고도 합니다. 하지만 SMR은 기술적으로 완성되지도 않았을 뿐 아니라 경제적으로도 불리합니다. 기후위기에 대응하기 위해 SMR을 개발한다고 하지만 2030년까지 상용화할 수 있을지조차 기대하기 어렵습니다. 막상 개발된다 하더라도 원자로를 놓을 곳이 없습니다. 우리나라 도시 어느 곳에서 이 원자로 건설을 찬성하겠습니까?

핵 에너지는 방사능의 위험과 해결할 수 없는 핵 쓰레기, 그리고 자연재해와 인재에 대한 불안함 등 수많은 문제를 안고 있습니다. 혹시 모를 사고는 수많은 생명과 생태계를 위협하기도 하지요.

핵 발전을 주장하는 사람들은 핵 사고로 인한 사망자가 자동차 사고보다 훨씬 적다고 합니다. 하지만 그 두 사고는 비교할 대상이 아닙니다. 자동차 사고로 많은 사람이 사망한다고 해도 그것은 그 사고로 그치게 됩니다.

하지만 핵 발전 사고는 한 번의 사고로 끝나지 않습니다. 인근 지역이 방사능으로 오염되고, 바닷물이 오염되고, 다음 세대까지 방사능 피폭의 고통을 안겨줍니다. 사고가 난 지역은 사람이 살 수 없는 땅이 되는 것은 물론입니다.

핵 발전 사고는 '절대 일어나지 않는다'고 그 누구도 장담할 수 없습니다. 2011년 일본 후쿠시마에서 일어난 핵발전소 사고 역시 아무도 일어날 것이라고 예측하지 못했습니다. 지진에 이어진 쓰나미는 최고의 기술이라고 자랑했던 핵발전소를 무참히 무너뜨렸습니다. 치밀하게 설계했다던 핵발전소 안전 장치도 아무 소용이 없었습니다.

2018년까지 일본은 후쿠시마 핵발전소 사고를 처리하는 데 236조 원을 쏟아부었습니다. 전문가들은 앞으로도 우리나라 1년 예산의 두 배에 달하는 1천조 원 정도가 더 늘어갈 것이라고 예상합니다.

그 비용으로도 해결하지 못해 일본 정부는 방사능 오염수를 바다에 버리겠다고 합니다. 오염수가 바다로 흘러들어 오면 우리나라 동해에 도달하는 데 고작 3~4개월이 걸립니다. 우리는 방사능에 오염된 바다를 만나야 하는 것입니다. 후쿠시마라는 한 지역의 사고가 결국은 세계의 바다를 오염시키는 것입니다.

한국의 상황은 더 좋지 않습니다. 인구 밀도가 매우 높은 우리나라는 핵발전소 역시도 한 지역에 여러 기가 모여 있습니다. 전 세계 핵발전소 중에서 핵발전소 옆에 사는 사람의 수가 가장 많습니다.

핵발전소 반경 100km 안에 10만 명 정도가 살던 후쿠시마에서도 핵발전소 사고로 5만여 명의 이주민이 발생했는데, 반경 100km 안에 약

1천만 명이 사는 우리나라 핵발전소에서 사고가 난다면 사태가 어디로 치닫을지 상상할 수조차 없습니다.

핵 발전이 기후위기에 대응하는 미래 에너지가 될 수 없는 이유는 또 있습니다. 바로 핵 폐기물이라는 복병이 숨어 있기 때문입니다. 핵발전소를 가동하면 나오는 핵 폐기물에서는 무려 10만 년 동안 위험한 방사능이 나옵니다. 그러나 그 어느 나라도 아직 이 폐기물을 안전하게 보관할 방법도 장소도 찾지 못했습니다.

결국 이 핵 폐기물의 위험까지 미래 세대가 떠안아야 하는 것입니다. 눈앞의 이익을 위해 위험을 물려주는 것은 세대 간 정의를 져버리는 일입니다. 기후위기의 위험을 다시 핵 발전의 위험으로 막으려는 것은 결국 후회막심한 선택이 될 것입니다.

세계는 화석 연료를 대체하는 에너지로써 재생 에너지를 우선하고 있습니다. 기후변화가 환경 문제의 주된 주제가 된 이후 유럽이나 미국 등은 재생 에너지에 투자를 시작했습니다.

현재 OECD 국가의 전력 생산량 중 재생 에너지 비중은 31.6%에 달하고, 그중에서도 OECD 유럽 국가들은 전력 생산의 44.3%가 재생 에너지입니다. 전 세계 신규 전력 중에는 무려 80%가 재생 에너지입니다.

그동안 재생 에너지는 비싼 에너지라고 생각되었지만, 기술 혁신과 과감한 투자는 지난 10년 동안 태양광 발전 90%, 풍력 발전은 70%만큼 비용을 떨어뜨렸습니다. 2020년 IEA는 태양광 발전이 가장 저렴한 전기 공급원이라고 선언했습니다.

그런데 우리나라는 아직 갈 길이 멉니다. 세계가 재생 에너지에 투자할 때 우리는 비싸다는 이유로 계속 석탄과 핵 발전 중심의 전력을 사용했습니다. 25t 트럭 9천 대 분량의 석탄을 매일 사용하면서 전기를 만들다 보니 재생 에너지 비중은 부끄럽게도 OECD 국가 중에 꼴찌입니다.

재생 에너지로 전환하는 것은 기후위기 대응 목표를 달성하기 위해서도 필요하지만 세계 시장에 대응하기 위해서도 반드시 필요한 과제입니다. 애플, 구글, 마이크로소프트, 폭스바겐 등 글로벌 대기업들은 자신들에게 부품을 납품하는 기업에게 100% 재생 에너지로 만든 상품을 요구하기 시작했습니다. 재생 에너지에는 석탄도 핵 연료도 포함하지 않습니다.

여기서 사람들이 많이 하는 질문이 있습니다. 우리나라는 재생 에너지로 100% 전환하는 게 어렵지 않느냐는 것입니다. 결론부터 말하자면 석탄 발전이나 핵 발전을 최대한 유지하려는 사람들의 이야기일 뿐입니다. 우리나라의 태양광과 풍력의 잠재량은 우리가 사용하는 전기를 모두 생산하고도 남습니다.

설치할 땅이 없다고요? 산이나 논을 뒤덮지 않더라도 공장 위, 건물의 옥상, 고속도로, 주차장 등 태양광을 설치할 수 있는 곳은 많습니다.

해양 생물에게 미치는 영향을 최소화하면서 해상에 풍력 발전을 건설할 수도 있습니다.

여기에 기술 혁신이 더해지면서 태양광과 풍력 모두 효율이 좋아지고, 설치에 필요한 면적이 줄었으며, 일정하게 전기를 생산하지 못하는 문제는 수소나 배터리 등 전기를 보관할 수 있는 장치로 얼마든지 보완이 가능해졌습니다.

그 가운데 놓치지 말아야 할 것이 있습니다. 바로 우리가 사용하는 에너지의 전체 소비량을 줄이는 노력입니다. 소비 감축은 석탄 발전이나 공항 건설과 같은 온실가스 多배출 산업을 중단하는 것에서 시작합니다. 또 과잉 생산하는 것을 멈추고 적정량을 생산하는 시스템으로 바꾸어야 합니다. 탄소가 나오지 않도록 산업 공정을 바꾸고 에너지 효율을 높여야 합니다. 건물에서 발생하는 온실가스를 규제하고 관리하는 정책도 중요합니다.

지역의 생산과 소비를 균형 있게 맞춰가는 것도 필요합니다. 석탄 발전이나 핵 발전처럼 한 곳에서 대규모로 생산하여 전국으로 보내는 시스템이 아니라 필요한 곳에서 필요한 만큼 생산하는 재생 에너지 분권 시스템을 만들어야 합니다.

재생 에너지는 지역 특성에 맞게 나누어 생산하는 시스템이 가능하고, 대량 생산과 장거리 송전에 따른 지역 피해와 갈등을 줄이며, 에너지 생산에 대해 지역 주민들이 직접 참여할 수 있습니다.

물론 이 과정에서 재생 에너지가 또 다른 생태 파괴의 수단이 되지 않도록 경계해야 합니다. 얼마 전 노르웨이에서는 자신들이 사는 숲에 풍력 발전을 건설한 회사와 허가한 정부를 상태로 원주민들이 소송을 제기한 일이 벌어졌습니다. 법원은 원주민들의 손을 들어 주었지요. 아무리 풍력이라는 좋은 수단이라 할지라도 원주민들에게는 폭력이 될 수 있음을 보여 준 사례입니다.

인류가 에너지 사용을 지속하는 한 생태계 파괴는 일어날 수밖에 없습니다. 하지만 그로 인해 숲과 갯벌에 사는 수많은 생명이 자신들의 터전을 잃지 않도록, 소중한 탄소 흡수원인 생태계가 파괴되지 않도록 하는 최대한의 노력이 필요합니다.

우리는 어떤 기술을 선택할까

제로웨이스트 가게2: 지구샵
지구를 위한 낭비 없는 가게 '지구샵'은 지구와 일상을 파괴하지 않는 소비를
지향해요. 낭비 없이 소비할 수 있는 공간을 만들어 플라스틱 없는 생활을
만드는 제품, 친환경 세정 제품과 유해 화학물질이 없는 제품, 보다 나은 삶을
만들기 위해 노력하는 제작자들의 제품을 판매하고 있습니다.

우리가 지금 편리하고 안락하게 살 수 있는 데는 기술의 발달과 혁신이 큰 역할을 했습니다. 기후변화로 인류의 삶이 위협받기 시작하자 기후변화를 막거나 기후위기에 대응하는 기술들도 다양하고 빠르게 연구되고 있지요.

태양으로부터 전기를 만드는 태양광 발전이나 태양열 발전은 대표적인 기술입니다. 전기를 만드는 기술에서 그치지 않고 적은 설치 면적으로 더 많은 전력을 생산할 수 있도록 효율을 높이는 기술도 계속 성장하고 있습니다.

그뿐인가요? 벽에 붙이는 태양광, 물에 띄우는 태양광, 심지어 커튼처럼 움직일 수 있는 태양광도 나오고 있습니다. 색과 디자인도 다양해지고요.

풍력도 마찬가지입니다. 육지나 해상에 설치할 때 생태계에 영향을 적게 미칠 수 있는 방향으로 기술이 발전하고 있어요.

재생 에너지에서 만든 전기를 저장했다가 다시 꺼내 쓸 수 있도록 하는 이차전지 기술도 매우 유용한 기술이지요. 재생 에너지로 만든 수소를 사용하는 수소연료전지도 마찬가지입니다.

에너지 효율을 높이기 위해 도입된 기술도 많습니다. 대표적인 것이 에너지관리시스템EMS인데, 건물의 에너지를 효율적으로 관리하여 사용량을 줄이는 것입니다. 휘발유나 가스로 엔진을 움직이던 내연기관차에서 전기로 충전하는 자동차를 만들어 낸 것도 기술로 이루어 낸 성과입니다.

생분해되는 소재로 플라스틱을 대체할 소재를 만드는 기술도 다양하게 연구 개발 중입니다. 바이오 소재의 비누 포장재, 사탕수수나 대나무로 만드는 식기류 등이 그것입니다. 편리함과 기능을 포기하지 않으면서, 땅에 묻고 두 달 정도면 모두 분해되는 특징을 가지고 있습니다.

물론 기술이라고 해서 다 좋은 것은 아닙니다. 우리나라 탄소중립위원회가 발표한 「2050탄소중립시나리오」를 보면, 2050년까지 배출되는 탄소가 0은 아닙니다. 남아 있는 탄소를 CCUS로 처리하거나 해외에서 감축하겠다는 계획입니다.

CCUS란 탄소 포집捕執·저장·활용 기술로 석탄발전소와 같은 곳에서 대규모 탄소가 발생할 때 탄소가 공기 중으로 나가기 전에 포집하여 다른 곳에 저장하거나 활용하는 기술입니다. 이 기술은 탄소를 모으기 위해 또 다른 에너지를 사용하기 때문에 온실가스를 재발생시킵니다.

그리고 탄소를 포집하기 위해서는 탄소가 많이 배출되는 시설이 필요합니다. 즉 CCUS를 활용하기 위해 탄소 배출원을 그대로 남겨 두어야 한다는 의미입니다. 탄소를 포집하기 위해 탄소가 많이 나오는 시설을 둔다? 아이러니한 구조입니다. 경제적으로도 매우 비쌉니다.

2021년 기준, 미국에 CCUS를 사용하는 석탄발전소가 있습니다. 총

9개의 굴뚝이 있는데 그중 하나에만 이 장치가 설치되었지요. 하지만 그조차도 100%의 용량이 아니라 33%의 용량에 설치하고 거기서 나오는 탄소 중 90%를 포집하는 것이 목표입니다. 바로 경제적인 문제와 기술적인 완성도 때문입니다.

탄소를 포집했다고 해도 저장하는 공간이 문제입니다. 무한정 탄소를 저장할 공간도 없을 뿐만 아니라 우리 눈에 보이지 않는 곳에서 유출되지 않고 잘 있으리라는 보장도 없습니다.

그런 의미에서 SMR 연구 개발에 수억 원의 예산을 투여하는 것도 생각해 볼 문제입니다. SMR은 기존 대형 핵발전소의 1/3에서 1/6 수준의 작은 핵발전소입니다. 대형 핵발전소는 손쉽게 켜고 끄는 게 불가능하기 때문에 재생 에너지와 함께 운영하기 어렵습니다. 이 문제를 보완하기 위해 작은 핵발전소를 개발하여 재생 에너지와 공존하겠다는 의미지요.

하지만 아직 상용화되지 않았고, 된다 하더라도 받아들일 수 있을지는 알 수 없습니다. 더 큰 문제는 대형 핵발전소와 마찬가지로 여전히 핵폐기물이 발생하며, 안전성도 확보되지 않았다는 점입니다.

게다가 소형이다 보니 대형 핵발전소가 갖고 있던 '저렴하다'는 장점도 사라집니다. 2030년까지 탄소를 절반으로 줄여야 하는데 SMR은 그때까지 상용화가 거의 불가능하다는 점도 있습니다.

탄소중립위원회는 2050 시나리오를 세우면서 "2030년까지는 현존 기술을 최대한 활용하도록 하되, 2050년을 내다볼 때는 아직 상용화되지 않은 기술도 고려했다"고 합니다. 그중 하나가 CCUS입니다. 2050년에 탄소중립에 도달해야 하는데 검증되지 않은 기술을 최후의 보루로 계획한 것입니다.

우리가 30년 전에 지금의 사회를 상상하지 못했던 것처럼 앞으로의 30년도 확신할 수 없습니다. 하지만 분명한 것은 30년 후까지 탄소 배출을 '0'으로 줄이지 않으면 재앙이 올 수 있다는 것입니다. 가장 확실한 방법으로 탄소를 줄이면서 기술은 보완적인 수단이어야 합니다. 확실하지 않은 방법으로 기후위기 대응 계획을 세우는 것은 2050년 이후 인류의 안전을 건 도박과도 같습니다.

기후위기를 기술로만 해결하려는 것은 기후위기를 잘못 이해한 것입니다. UN 환경 프로그램 사무총장인 잉거 안데르센은 "기술은 기후 문제를 해결할 솔루션의 일부"라고 말했습니다.

재생 에너지 기술을 살펴볼까요? 태양이나 바람을 이용하는 재생 에너지로 세계는 80억MWh 이상의 전력을 생산하고 있습니다. 하지만 그 기간 동안 경제가 성장하면서 에너지 사용량은 480억MWh로 늘었습니다.

끊임없이 자원을 채굴하고 성장을 꾀하는 한 재생 에너지 기술이 아무리 발전한다고 해도 탄소 배출을 줄어들지 않을 것입니다. 재생 에너지 기술 역시 태양광전지를 만들고 폐기하는 과정에서 자원을 이용해야 하기 때문입니다.

자동차도 그렇습니다. 내연기관차에서 전기차로 바꾸기 위한 기술은 개발되었지만, 전기차를 만들기 위해서는 어마어마한 양의 광물이 필요합니다. 전기차에 사용하는 반도체에 필요한 리튬 1t을 생산하려면 약 190만L의 물이 필요합니다. 리튬 생산이 많은 안데스 산맥에서는 지하수가 부족해 인근 지역에서 농사를 지을 수가 없습니다.

또한 광산에서 나오는 화학 물질로 강이 오염되기도 했습니다. 필요한 자원과 광물이 기후위기로 피해가 심각한 남반구에 있다는 점도 놓치지 말아야 합니다. 남반구의 국가들은 자원을 얻기 위한 곳으로 굴러떨어질 수도 있습니다. 대표적인 우라늄 생산국 니제르에서 식수가 오염되고 아이들이 피폭으로 죽어 갔던 과거가 반복될 수도 있습니다.

기술은 우리 생활을 풍부하게 하는 데 크게 기여했지만, 기술에만 의지하며 성장을 포기하지 않는다면 결국 기후위기는 해결할 수 없습니다. 어떤 기술을 취하고, 어떤 기술을 보완할 것인지, 어떤 기술을 과감히 버릴 것인지 선택해야 합니다. 아직 개발되지도 않은 기술에 인류의 미래는 걸 만큼 우리에게는 시간이 많지 않습니다.

기후위기를 해결하려는 놀라운 상상력

기후위기를 해결하가 위해 과학자들은 수많은 연구를 하고 있습니다. 과학은 언제나 상상력에서 시작하지요. 상상을 과학으로 제안한 지구공학적 방법 몇 가지를 소개해 보도록 하겠습니다.

지금 소개하는 기술들은 지구에 들어오는 태양 에너지를 조절하여 지구 온난화를 막는다는 발상입니다. 지구에 도달하는 햇빛의 양이 줄어들면 즉각적으로 지구의 온도를 낮출 수 있으니까요. 물론 기후변화를 해결하기에는 아직 너무나 이른 단계라는 것 잊지 마세요.

첫 번째 제안은 인공 화산입니다. 2015년 미국 국립학술원은 대기 중에 이산화황을 뿌려 인공 구름을 만들고, 그것으로 태양 광선을 차단하는 실험을 제안했습니다. 필리핀 피나투보 화산이 폭발했을 당시 지구 기온이 0.5도 낮아진 것에서 착안했어요.

인공 화산은 대형 화산 폭발과 같은 효과를 갖고 있어 상대적으로 비용이 덜 들고 효과적인 수단이 될 수 있다고 보고 있습니다. 하지만 학계는 생각하지 못한 부작용이 있을 수 있다는 이유로 신중한 입장을 보이고 있습니다.

두 번째로, 바닷물을 펌프로 끌어올려 하늘에 구름을 만드는 아이디어도 있습니다. 소위 '구름 방패'를 만들어 지구에 들어오는 햇빛을 막자는 발상이지요.

세 번째 제안은 인공위성처럼 우주에 거대한 '우주 거울'을 띄워 햇빛을 반사하는 아이디어입니다. 거대한 거울이나 투명 유리판으로 지구에 도달하는 햇빛을 반사해 차단하는 원리죠.
그러나 60cm짜리 투명한 원반을 지구와 태양 사이에 띄워 태양빛을 반사시키려면 무려 16조 개의 원반이 필요하다는 계산이 나왔고, 그걸 실현하려면 천문학적인 금액이 들어가게 될 것입니다.

그 외에 도시의 건물을 모두 하얗게 칠해서 햇빛을 반사시키거나, 세계의 사막을 모두 하얀 천으로 덮어 햇빛의 반사를 늘리자는 의견도 있습니다.

4

우리 먹거리를 지키려면

제로웨이스트 가게3: 송포어스
제로웨이스트 가게이자 비건 카페예요. 상품이 생산되는 과정을 소중하고 생각하고 폐기하는 과정까지 고려한 물건을 찾아 판매합니다. 지구를 위해 노래하는 가게라는 뜻에서 매장의 이름을 정했대요.

"한국처럼 식사하면 지구 2.3개가 필요하다." 노르웨이 비영리 단체 EAT가 2020년 발간한 보고서 「더 나은 미래를 위한 식습관」을 통해 한 말입니다. 한국의 1인당 음식 소비량이 지구가 감당할 수 있는 양을 넘어섰다는 것입니다. 지구가 감당할 수 있는 1인당 붉은 고기 소비량은 하루 0~28g인데 한국은 이에 3배에 달하는 양을 소비합니다. 중국처럼 식사할 경우 1.77개, 일본의 경우 1.86개가 필요하다고 해요.

지구가 감당할 수 있는 음식 소비량이란 무엇을 의미할까요? 이는 식량을 생산하기 위한 토지와 생산 과정, 유통, 그리고 폐기하는 것 모두를 포함한 온실가스의 양과 관련 있습니다.

소비하는 음식이 많아진다는 것은 식량을 생산하는 경작지가 늘어나고 비료 사용이나 농기계 사용 등 에너지 사용도 늘어난다는 뜻입니다. 한 사람이 먹을 수 있는 양보다 더 많이 생산하면 폐기하는 것도 자연스럽게 증가하겠지요.

1950년 이후 지금까지 세계 경작지 면적은 약 13% 증가했습니다. 같은 기간에 25억 명이던 인구가 79억 명으로 3배 이상 증가한 것에 비하면 거의 증가하지 않았지요. 1950년에는 전 세계 인구의 50%가 영양실조에 시달릴 정도로 식량이 부족했습니다. 그런데 인구는 늘고 경작지는 늘지 않은 지금은 오히려 영양실조에 걸린 사람이 10%로 줄어들었습니다.

할머니나 할아버지 말씀을 들어 보아도 1950년대는 참 배가 고팠다고 합니다. 그때보다 지금 우리나라도 농경지가 더 줄어들고 있지만 먹을 것이 없어서 영양실조에 걸린 사람은 많지 않습니다. 인류의 등장 이후 현재가 가장 풍족하게 먹고사는 시대입니다.

이것은 바로 '녹색혁명' 덕분입니다. 농업 분야의 기술 혁신으로 식량 생산량이 획기적으로 증가한 것입니다. 단위 면적당 농업 생산량이 4배 이상 증가하면서 식량 부족 문제는 많이 해소되었습니다.

하지만 품종 개량, 화학 비료, 살충제나 제초제 사용이 많아지면서 다른 문제가 발생했습니다. 농업에 사용된 질소비료는 20~30%만 농작물이 흡수하고 나머지는 강이나 바다로 흘러갑니다. 녹조나 적조를 만들고 이것은 수중 산소 농도를 떨어뜨려 수중 생태계를 위협하게 됩니다. 식량 문제의 해결이 다시 인류를 위협하는 원인이 된 것입니다.

축산업도 생태계의 순환을 망가뜨립니다. 가축을 키우기 위해서는 엄청난 양의 사료가 필요합니다. 인간은 하루에 1kg의 쌀도 먹지 못하는데, 소의 경우 하루에 최소 10kg 이상 건초와 곡물을 먹습니다. 그래서 많은 양의 사료를 재배하기 위해서 숲의 나무를 베거나 태워서 농경지를 만듭니다. 축산업으로 인해 사라지는 열대 우림이 매년 우리나라 면적만큼이라고 하니 놀라울 뿐입니다.

산업 혁명 이후 전 세계 육류 소비량은 4배 이상 증가하였습니다. 더 많은 고기를 만들어 이윤을 얻기 위해서 들판에 방목하는 방식이 아닌 공장 방식으로 가축을 키우게 되었습니다. 가축에게서 나오는 트림과 방귀, 배설물은 인근 하천을 오염시키고 거기서 발생하는 메탄과 이산화질소는 지구의 온도 상승에 기여합니다.

식량의 문제는 또 분쟁으로 이어지기도 합니다. 실제로 2011년 일어난 시리아 내전은 이상 기후로 인한 나비효과(나비의 날갯짓 같은 작은 변화가 폭풍우 같은 큰 변화를 부를 수도 있다는 이론) 때문입니다.

2010년 세계 최대의 밀 생산국인 러시아에 기록적인 가뭄이 발생하면서 밀 생산량이 크게 감소했습니다. 자국의 식량 확보가 중요한 러시아는 수출을 중단하게 되고, 이로 인해 전 세계 밀 가격이 폭등했습니다. 식량을 대부분 수입하던 시리아에서는 반정부 시위가 일어나고 결국 내전으로 이어졌습니다. 시리아 내전으로 40만 명이 넘는 난민들이 발생했고 이는 결국 전 세계의 문제로 발전했습니다.

곡물 자급률이 22%로 OECD 국가 중 최하위인 한국도 예외는 아닙니다. 보리, 밀, 콩 등의 잡곡은 대부분 수입에 의존하고 있고 주식인 쌀조차도 자급률이 떨어지고 있습니다. 2021년 1월 중국으로부터 수입한 쌀은 5만 6천t이 넘었고, 해마다 증가하고 있습니다. 특히 코로나19로 국가 간 이동이 제한되면서 세계 각국의 식량 문제는 더욱 심각해졌습니다.

거기에 기후변화로 인한 이상 기후는 먹거리 생산과 공급에 악영향을 미치고 있습니다. 봄철 이상 기후로 과수 농가는 냉해 피해를 입었고, 장마와 태풍은 수확을 앞둔 작물을 휩쓸었습니다. 병충해까지 겹치면서 농민들은 생계의 위협마저 느끼고 있습니다.

농민들의 기후변화에 대한 인식 조사 결과를 보면 현장에서 느끼는 기후위기가 얼마나 심각한지 알 수 있습니다. 농민의 85.7%가 기후변화를 체감하고 있으며, 기온 상승이나 이상 기후 횟수는 약 95% 이상의 농민들이 느끼고 있다고 답했습니다.

따라서 우리는 먹거리 시스템을 바꾸고 좋은 먹거리를 선택해야 합니다. 식량 위기에 대응해 지속 가능한 농업과 먹거리 체계를 만들고, 식량 주권을 지키기 위한 정책을 수립해야 합니다. 식량은 누구에게나 필수적으로 필요한 것인 만큼 먹거리를 통해 과도한 이윤을 추구하려는 기업을 규제하는 것이 필요합니다.

또 국민의 먹거리를 안정적으로 생산하기 위해서 농경지를 확보하고 농민에 대한 기본 소득을 보장해야 합니다. 시골의 작은 농가를 보호하고 안전한 먹거리를 생산하는 계획도 수립해야 합니다. 먼 거리에서 농산물을 생산해 탄소 배출량을 높이는 운송과 유통을 줄이고 지역 먹거리 체계를 갖출 수 있도록 해야 합니다.

우리나라 주요 작물의 재배지 변화

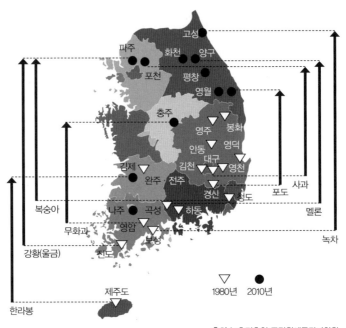

출처 농촌진흥청 국립원예특작과학원

귤은 제주, 사과는 대구. 그동안 우리가 알고 있던 주요 농작물의 재배지입니다. 하지만 지구 온도가 상승하고 기후변화가 일어나면서 농수산물의 주요 생산지가 바뀌고 있습니다.

시원한 곳에서 재배되는 사과의 과거와 현재의 재배 면적을 비교해 보면 1982년 4.3만ha에서 2007년 3.2만ha로 약 1만ha가 감소했습니다. 고랭지 채소(무, 배추)도 최근 크게 감소하여 고랭지 무는 2001년 0.40ha에서 2019년 0.23ha, 고랭지 배추는 10.2ha에서 0.50ha에 그쳤습니다.

또한 남쪽에서 북쪽으로 주요 작물 재배지가 이동하고 있습니다. 사과는 대구가 아니라 경기도까지 올라갔고, 한라봉은 전라북도에서도 재배됩니다. 대구·경산 지역에서 재배되던 포도는 강원 영월까지 북상하고 밀양·청도 인근의 복숭아는 경기 파주까지 올라갔습니다.

재배 면적의 변화도 큽니다. 사과처럼 시원한 곳에서 자라는 작물은 전반적으로 재배 면적이 감소하고, 녹차와 같이 따뜻한 기후에서 재배하는 작물은 오히려 재배 면적이 늘어났습니다.

5

개인 전기차 말고 차 없는 도시로

제로웨이스트 가게4: 알맹상점
"껍데기는 가라. 알맹이만 오라."를 슬로건으로 하는 알맹상점은 서울 망원시장
안에 있어요. 장바구니와 용기를 대여하기도 하고 알맹이만 판매하는
리필스테이션도 운영합니다. 또 재활용이 가능한 각종 물품을 수거하기도 해요.

2021년 독일 베를린의 시민단체 베를린 아우토프레이는 '자가용 없는 베를린 만들기' 캠페인을 시작했습니다. 주민투표를 청원할 수 있는 최소 인원인 5만 명을 돌파하여 투표 진행이 가능해졌지요. 실제로 그 법이 통과될지는 모르지만, 자가용 없는 삶을 선택하는 시민이 5만 명을 넘겼다는 사실 자체만으로 빠르게 변화하고 있다는 것을 보여 줍니다.

캠페인의 주요 내용은 도심 내 개인 차량 운행을 금지하고 상업용 차량, 장애인 차량, 응급 차량은 면제하는 것입니다. 이사할 때를 대비해 1년에 12번의 렌트카 사용은 허용됩니다. 사실 생각해 보면 베를린의 이 같은 정책 요구는 그렇게 놀라운 것이 아닙니다. 베를린은 자동차를 소유한 사람이 시민의 1/3밖에 되지 않고, 자동차가 없으면 행복할 것이라고 응답한 사람이 무려 91%나 되기 때문입니다.

서울은 어떨까요? 서울 시민은 전체의 30%가 개인 차량을 소유하고 있습니다. 2020년 자가용 등록대 수는 294만 대나 됩니다. 차가 없으면 편하다고 생각하는 것이 아니라 주차장이 없으면 불편하다고 생각합니다. 성인이 되면 운전면허증을 따는 것이 당연한 분위기고 자가용이 없다고 하면 다들 놀란 눈으로 바라봅니다. 학원이나 마트에 갈 때 당연하게 자가용을 이용하는 경우도 많습니다.

최근 기후위기에 대응해야 한다면서 추진되고 있는 교통 정책도 전기차나 수소차를 구입하면 지원해 주고 충전소를 늘리는 정책이 대부분입니다.

하지만 이렇게 자가용을 늘리고 바꾸는 것이 기후위기를 해결하는데 도움이 될까요? 교통 부문에서 온실가스가 가장 많이 발생하는 수단은 바로 도로 교통입니다. 자가용이나 버스, 트럭과 같은 것들이지요. 이들의 온실가스 배출을 줄이는 가장 좋은 방법은 교통수단의 총 이동 거리를 줄이는 데 있습니다.

여기서 대중교통의 필요성이 커집니다. 만약 40명이 각각 승용차를 타고 서울과 부산을 왕복하면 한 대당 9백km씩 총 3만 6천km의 거리를 움직이게 됩니다. 하지만 40명이 한 대의 버스에 함께 타고 서울과 부산을 오가게 되면 9백km만 이동하게 되는 원리입니다.

UC데이비스대학교에서는 연료의 변화, 자동화, 공유차 등 세 가지를 수요한 교통의 전환으로 꼽았습니다. 2050년까지 탄소중립이 가능하려면 이 중에서 특히 공유차와 공공교통 정책이 필요하다고 밝힌 바 있습니다.[41]

여기서 중요한 것은 누구든 쉽고 편리하게 이동할 수 있는 권리를 보장해 주어야 한다는 점입니다. 버스를 타면 이동 거리는 줄일 수 있지만 우리 집에서 부산까지 가는 버스가 없는데 자가용을 타지 말라고 하면 이것은 이동할 권리를 침해하는 것입니다. 교통을 전환하는 것은 개인이 대중교통 이용을 많이 하겠다고 결심하는 것에서 그치지 않습니다. 사회가 함께 고민하고 해결해야 합니다.

---

41 Revolutions Future Mobility Program, last update: 2021.12.22. https://3rev.ucdavis.edu/

경기도 화성시처럼 청소년과 노인들에게 무상교통을 시행하는 것도 하나의 사례입니다. 또 어디서나 접근하기 편리한 교통망을 확보하는 것도 중요합니다. 자가용을 타지 않아도 학교와 직장으로 이동하는 데 편리하다면 개인용 차량을 고집할 이유가 사라집니다.

지역 간 이동은 어떨까요? 지역 간 이동에서 가장 효율적인 교통수단은 바로 기차입니다. 2021년 3월 국회에서 열린 제4차 철도산업발전 기본계획 대안 연구용역 발표회 자료에 따르면 철도는 세계 승객 이동의 8%, 화물 운송의 7%를 차지하지만, 세계 교통 에너지의 2%만을 사용하는 에너지 효율적 교통수단입니다. 승용차에 의존하는 교통 정책을 도시철도와 경전철 등으로 대체하고 효율이 높은 운송 수단으로 바꾸는 것이 필요합니다.

또한 전국 주요 도시가 촘촘하게 철도망으로 연결되도록 하고 불규칙한 열차 시간표도 일정하게 다시 짜야 합니다. 철도 이용률을 높이기 위해서는 철도와 시내 교통 간의 연결도 매우 중요합니다.

미국의 기후위기 대응 정책에서 교통 분야는 매우 중요한 정책입니다. 뉴욕시는 효과적인 모빌리티 정책으로 공공교통 체계를 개선하는 것을 최우선 과제로 삼았습니다. 거리 환경을 안전하게 조성하고, 혼잡과 오염을 줄이고, 어디든 편리하게 이동할 수 있도록 지역 간 연결망은 촘촘히 하는 방향입니다.

2020년 파리 시장에 당선된 안 이달고 시장은 주요 정책 '파리를 위한 선언'에서 반공해·반차량이라는 슬로건slogan을 내세웠습니다. 파리를 다니는 자동차는 모두 시속 30km로 제한하고 도심 내에 주차장을 절반으로 줄이는 계획입니다.

이 정책은 단순히 자동차를 줄이는 효과만 있는 것이 아닙니다. 가장 먼저 교통사고를 줄여 안전한 도시를 만들 수 있습니다. 주차장을 줄이면 그 공간을 자전거 도로나 보행자 길, 녹지 등으로 바꿀 수 있습니다. 대중교통이나 자전거, 도보를 이용하는 사람들은 늘어날 것입니다.

우리 동네 마을버스가 사라진다면

2019년 서울 서대문구 홍은1동. 마을 곳곳에 '주민의 발 11번 마을버스를 돌려 달라!'는 현수막이 달렸습니다. 서대문구가 마을버스 노선을 조정하면서 홍은1동 산비탈로 들어가는 구간을 폐지하는 계획을 세운 것입니다.

오르막길도 많고 노인들도 많은 홍은1동 산비탈 마을에서 지하철역으로 바로 갈 수 있는 교통수단은 11번 마을버스가 유일했습니다. 이 마을에서 지하철역까지 걸어서 이동하려면 최소 30분이 걸립니다. 마을버스 덕분에 편리하게 지하철역까지 이동할 수 있었지요. 그런데 갑자기 마을버스가 사라진다니 난감했습니다.

주민들은 노선 폐지 반대 운동을 시작했고, 반대 서명에는 8천여 명이 서명했습니다. 풀뿌리 주민자치운동단체가 주축이 되어 11번 마을버스가 필요한 이유를 마을버스 공론장과 마을 라디오를 통해 알렸습니다. 결국 서대문구는 11번 마을버스의 노선을 유지하는 것으로 결론지었습니다.[42]

서울 시내에는 이렇게 마을버스가 없으면 이동이 불편한 마을이 많습니다. 산동네인 와룡동과 명륜3가동을 통과하는 종로08번 마을버스는 고지대에 사는 노인들에게 없어서는 안 될 교통수단입니다. 종로08번 버스는 서울대병원이나 약국 앞도 지나기 때문에 이용하는 노인들이 많습니다. 승객이 줄어들어도 마을버스가 운행을 중단할 수 없는 이유입니다.

　　구로09번 버스가 지나가는 구역도 이 승객들에게는 선택이 아닌 필수 교통수단입니다. 지하철 1호선과 2호선에서 걸어가기 먼 거리를 이동하는 직장인들, 학생들, 노인들이 두루두루 이용하고 있습니다.

---

42 "이 마을버스 없어지면 주민들 발 묶이는 상황이었죠". 한겨레. 2018.08.03. https://www.hani.co.kr/arti/society/society_general/904389.html

6

재활용은 답이 아니다

제로웨이스트 가게5: 소락, 지구별가게
소락과 지구별가게는 제주도 도형동 마을기업인 '함께하는그날 협동조합'에서
운영해요. 소락은 유기농 순면을 활용한 다회용 제품 브랜드고, 지구별가게는
제로웨이스트 가게입니다. 쓰레기 배출량 감소와 여성의 건강 등을 위해
운영하고 있습니다.

요즘 '위장환경주의' 또는 '그린워싱greenwashing'이라는 말을 많이 들어 보았을 거예요. 실제로는 친환경적이지 않지만 친환경적이라고 믿게 만드는 것을 뜻합니다. 제품을 생산하는 과정에서 발생하는 온실가스나 환경 오염은 가리고 재활용이 된다거나 분해성 소재를 사용했다거나 하는 일부 친환경으로 보이는 과정만 부각하여 내세우는 것이지요.

대표적인 사례가 코카콜라의 재활용 페트병 사용입니다. 코카콜라는 재활용 플라스틱으로 만든 페트병을 사용하여 플라스틱 사용량을 2018년 대비 20% 이상, 온실가스 배출량을 2만t 감축할 것이라고 밝혔습니다.

하지만 그동안 코카콜라가 사용한 플라스틱과 비교하면 터무니없는 목표라는 지적이 나왔습니다. 글로벌 환경단체 BFFP에 따르면 코카콜라는 작년까지 3년 연속 '플라스틱 쓰레기를 가장 많이 배출한 글로벌 기업' 1위를 차지했습니다.

카트린 하르트만은 저서 『위장환경주의』에서 네슬레의 사례를 짚었습니다. 네스프레소에서 배출하는 빈 알루미늄 캡슐 쓰레기는 매년 최소 8천t에 달합니다. 알루미늄은 호주와 브라질 등의 나라에서 생산되는 보크사이트라는 광석을 통해 얻는데, 광석 채굴로 인해 열대림이 사라지고 있습니다. 알루미늄을 생산하는 데 사용하는 전기도 어마어마한 양입니다.

그러나 네슬레는 이런 점은 드러내지 않으면서 알루미늄 캡슐 재활용률을 2020년까지 100%로 올리겠다고 밝히고 있습니다. '한 잔의 커피는 사회와 환경에 많은 가치를 더합니다'라는 홍보 문구와 함께 말입니다.

여기서 우리는 재활용에 대해 생각해 볼 필요가 있습니다. 네슬레가 재활용률을 높이겠다고는 하지만, 그 캡슐을 사용하는 소비자가 재활용할 수 있는 상태로 분리배출과 수거를 책임지지 않으면 불가능합니다.

앞서 말한 코카콜라도 마찬가지입니다. 코카콜라 페트병이 온전히 수거되어 재활용되는지 우리는 확인할 수 없습니다. 재활용이라는 '친환경 단어'를 제품 홍보에 붙이면서 정작 친환경의 책임을 소비자들에게 떠넘기고 있는 것입니다.

우리는 분리배출을 잘하기 위해 많은 노력을 합니다. 먼저 내가 사용한 제품이 철인지 알루미늄인지 플라스틱인지 구분하고, 깨끗이 씻어 말리고, 라벨이 있다면 분리하고, 분리배출 수거함에 나누어 잘 담습니다. 가끔 재활용되는 제품인지 잘 모를 때도 있어서 올바른 방법을 찾아보기도 합니다.

그러나 한순간 좌절을 맛보기도 하지요. 열심히 구분 지어 수거함에 넣었는데 하나의 자루에 담겨 트럭에 실린 모습을 본다거나, 라벨 분리는커녕 지저분한 상태로 내가 배출한 것과 같은 통에 담겨 있는 것을 보거나 할 때 말입니다. 분리배출을 잘하면 다 재활용이 된다는, 우리가 흔히 하는 오해 중의 하나가 와르르 무너지는 셈입니다.

내가 열심히 씻어 말려 배출한 재활용품 중에서 60%는 그냥 버려진다는 사실을 알면 한 번 더 좌절하게 됩니다. 코로나19 사태 이후 플라스틱 사용이 부쩍 늘면서 재활용 선별장은 꽉 차고 넘칩니다. 수거해 온 재활용품을 와르르 쏟아 놓은 후 소재별로 분리해야 하는데 쏟을 자리조차 부족합니다.

선별장에서는 오염된 플라스틱은 바로 쓰레기로 재분류되어 버려집니다. 플라스틱에 나무나 금속 등 다른 재질이 조금이라도 붙어 있으면 재활용이 어렵기 때문에 쓰레기로 처리됩니다. 이렇게 쓰레기로 분류된 플라스틱은 결국 소각됩니다. 몇 차례의 선별을 거친 플라스틱이라도 라벨지가 붙어 있거나 철사나 고무 등이 섞여 오면 또 재활용 자격에서 탈락합니다.

이렇게 선별 과정을 거친 플라스틱은 전체의 약 40%로 대부분 포장재로 재탄생합니다. 재활용률을 높이기 위해서는 소재를 단일하게 하여 구분을 쉽게 하고, 생산자가 재활용까지 책임지는 원칙을 더 강화해야 합니다. 2003년부터 시행되고 있는 '생산자책임재활용제도'를 좀 더 보완해 나가는 길도 필요합니다.

우리는 어떻게 하면 재활용을 더 잘할 수 있을까를 고민하기보다 과잉 생산되는 플라스틱을 없애는 방법을 찾아야 합니다. 기업이 무엇을 얼마나 어떤 방식으로 생산하는지에 더 주목해야 합니다. 그렇지 않고 재활용에만 계속 집중한다면 결국 그것은 쓰레기 더미가 되어 지구 어딘가에 쌓이게 됩니다.

과거 재사용 용기를 사용할 때 우리는 자장면을 시켜 먹은 후 빈 그릇을 문 앞에 두었습니다. 중국집에서 빈 그릇을 수거하고 깨끗이 설거지한 후 다시 사용했습니다. 하지만 요즘엔 일회용 용기에 온 자장면을 먹고 씻어 분리배출하는 것은 나의 몫이 되었습니다. 가게는 그릇을 수거하고 씻어 순환시키던 수고를 하지 않고 플라스틱 용기 값만 지불하면 됩니다. 가게 입장에서는 더 편리하고 인건비도 적게 드는 경제적인 방식입니다.

하지만 만약 일회용품인 플라스틱 배달 용기도 각 가게마다 수거해서 처분하게 한다면 어떤 변화가 생길까요? 다회용기 사용으로 바꾸는 가게도 있을 테고, 그냥 처리 비용을 지불하고 마는 가게도 있을 것입니다. 플라스틱을 만든 기업이 폐기되기까지의 모든 과정을 책임지도록 한다면 분명 더 많은 생산보다 더 좋은 생산을 생각하게 될 것입니다.

기후위기는 항상 무언가 '부족'한 데서 오는 것이 아니라 무언가의 '과잉'으로부터 옵니다. 재활용으로 가려진 일회용품의 과잉 생산 역시 기후위기와 생태계 파괴의 주범임을 기억해야 합니다.

7

감염병을 막기 위한 우리의 노력

우리 지역사회는 기후위기에 대응하기 위해 어떤 노력을 하는지 관심을 가져요.
정책 하나하나가 우리 마을과 지역을 바꿀 수 있습니다.

2002년 사스, 2009년 신종플루, 2014년 에볼라, 2015년 메르스, 그리고 2019년 코로나19. 한두 달이면 끝날 줄 알았던 코로나 사태가 2021년을 지나고 있습니다. 코로나19라는 작은 바이러스가 전 세계를 멈추고 사람들을 공포로 몰아넣었습니다.

지금까지 전염병은 인간의 생활과 사회를 바꾸고 한 문명을 멸망시키기도 했습니다. 기원 후 몇백 년에 한 번씩 일어나던 감염병이 2000년 이후에 벌써 5번이나 나타나고 있습니다. 감염병이 이처럼 빈번해지는 이유로 과학자들은 인류의 생태계 파괴와 기후변화를 들고 있습니다.

인류가 경제 성장을 위한 개발과 더 많은 가축을 키우기 위해 숲을 파괴하면서 과거에 서로 만나지 않던 사람과 동물의 서식지가 겹치게 되었습니다. 또 산불·가뭄·홍수 등의 이상 기후로 숲이 파괴되고 야생 동물의 서식지가 훼손되면서 동물을 숙주로 삼던 바이러스들이 인간에게로 옮겨오게 되었습니다.

2014년에 발생한 에볼라도 아프리카에 기근이 발생해 사람들이 땔감을 구하러 숲에 들어가면서 발생했습니다. 기업은 더 싼 자원을 얻기 위해 아프리카 같은 오지로 들어가 동물들의 서식지를 파괴합니다. 성장만을 추구하는 인류의 욕심 가득한 행동이 결국 신종 감염병을 만들어낸 것입니다.

미국 국립생물공학정보센터NIH는 인간 질병 중 60%가 인간과 동물

사이 감염으로 일어났다고 밝혔습니다.[43] WHO는 예측 불가능한 감염병 '질병 X'가 계속해서 발생할 것이라고 경고하고 있고요.

지구 온난화와 기후변화는 감염병을 더욱 확산시킬 것입니다. 기후변화로 온도와 습도, 강수량 등이 변하면 바이러스를 옮기는 곤충은 자신들이 살기 좋은 환경으로 이동합니다. 그 과정에서 자신의 몸에 붙은 바이러스를 옮기게 됩니다.

가장 대표적인 것이 모기인데, 지구 기온이 올라가면서 더운 곳에서 살아가는 모기가 더 넓은 지역에서 더 오래 살아남을 수 있게 되었습니다. 열대 지방에서 뎅기열을 일으키는 흰줄숲모기가 2050년에는 우리나라에도 출현할 수 있다는 연구도 있습니다. 국가 간, 대륙 간 이동이 빈번해진 인간의 생활 변화는 기후변화와 더불어 감염병을 확산하는 데 좋은 조건을 가지게 되었습니다.

기후변화로 북극의 영구동토층이 녹는 것도 바이러스의 출현율을 높일 수 있습니다. 영구동토층은 춥고 산소가 적어 바이러스를 보존하기에 좋은 조건입니다. 2016년에는 러시아 시베리아 영구동토층에서 발생한 탄저균으로 12세 소년이 사망하고 72명이 감염되었습니다.

다른 사례도 있습니다. 2015년 미국과 중국 공동 연구진은 티베트 고원의 두꺼운 빙하를 50m가량 뚫고 표본을 채취했습니다. 그 표본 속

---

43 기후위기가 감염병을 부른다. GS칼텍스 매거진. 2020.07.31. https://gscaltexmediahub.com/story/climate-crisis-affect-infectious-diseases/

에는 1만 5천 년 전에 형성된 것으로 추정되는 고대 바이러스들이 있었습니다. 유전 정보 분석을 통해 총 33가지의 바이러스를 발견했고, 이 중 28개는 지금까지 발견된 적이 없는 새로운 바이러스라는 걸 확인했습니다.

기후위기는 건강의 위기입니다. 코로나19로 인한 사회 혼란만 보더라도 우리가 얼마나 많은 준비를 해야 하는지 알 수 있습니다. 코로나19는 갑자기 다가온 위기지만, 앞으로 나타날 감염병은 충분히 예상하고 예방할 수 있는 위기입니다. 감염병을 예방할 수 있는 건강한 사회를 만드는 것입니다.

치료제 개발보다 중요한 것은 감염병 예방과 관리 체계를 갖추는 것입니다. 감염병이 빈번해지면 경제적·신체적으로 취약한 사람들은 더 많이 힘들어집니다. 돈이 없어 백신을 공급받지 못하거나 치료받지 못하는 상황이 없도록 빈틈없는 공공의료와 사회복지 시스템이 필요합니다.

무엇보다 감염병 확산을 예방할 수 있는 가장 빠르고 확실한 길은 지구 온도 상승을 막는 것입니다. 이것이 모두를 기후위기와 감염병으로부터 지켜낼 수 있습니다.

'기후위기비상행동'이 제안한 기후위기 대응 정책

수입 과일보다 국내 제철 과일을 즐겨요. 더 신선하고, 농약도 적고, 운반하는
데 사용하는 에너지와 비용도 줄일 수 있어요.

기후위기비상행동은 전 지구적 문제인 기후위기에 함께 대응하고 행동하고자 전국의 130여 개 시민사회단체가 모인 네트워크입니다. 전국 곳곳에서 기후행동을 하고, 전국의 시민들과 기후위기 교육을 진행합니다. 정부와 기업이 기후위기에 책임이 더 크다는 것을 알리면서 정책의 변화를 만들기 위해 노력합니다.

2022년 3월 대통령 선거를 앞두고 대통령 후보들에게 기후위기에 대응하는 정책을 제안했습니다. 총 12가지로 정리한 정책 내용은 선거를 위해서만 필요한 것은 아닙니다. 기후위기를 해결하기 위해 반드시 담아야 할 온실가스 감축 목표의 상향이나 에너지 전환 목표 설정에서 시작해서, 권리를 보장하는 일, 노동 시간을 줄이고 기후 일자리를 만드는 일 등 모두 함께 생각해 볼 과제도 담았습니다.

그들이 제안한 정책 중 몇 가지를 살펴보면서 2030년 온실가스 배출을 절반으로 줄인 사회와 2050년 온실가스 배출 제로 사회의 모습은 어때야 하는지 함께 상상해 보면 어떨까요? 물론 이 정책 외에도 탄소배출 제로 세대의 무엇이 변화해야 하는지 서로의 지혜를 모으면 더 좋겠지요?

(1) 기후 악당 국가의 오명을 벗으려면, 국가 온실가스 감축 목표를 높여야 합니다

지구 온도 1.5도 상승을 막으려면 전 세계가 2050년 순배출제로에 도달해야 하며, 2030년까지 거의 절반 가까이 온실가스 배출을 줄여야 합니다. 우리나라는 2018년에 배출량 대비 40%를 감축하겠다고 목표를 정했습니다. 더군다나 기후위기의 피해를 가장 많이 입고 있는 사람들이 참여하지 못한 채로 감축 목표를 정했습니다.

온실가스 배출량이 세계 10위권 안에 드는 우리나라는 감축 목표를 더 높이고 그 결정 과정에 노동자, 농민, 청년, 청소년 등이 더 많이 참여해야 합니다.

이 계획에는 또한 온실가스를 줄이기 위한 정의로운 원칙이 담겨야 합니다. 현재 온실가스 감축 계획에는 위험하고 불확실한 방법이 포함되어 있습니다. 대표적인 것이 앞에서 언급했던 CCUS 기술입니다. CCUS는 아직 대중적으로 사용하기 어려운 기술이고 그 비용도 어마어마합니다. 기술이 적용된다고 해도 발생하는 탄소를 모두 걸러낼 수 없습니다. 온실가스 배출을 줄이지 않으면서 아직 불확실한 기술인 CCUS에 의존하는 것은 현실적인 온실가스 감축 계획이 될 수 없습니다.

게다가 우리나라에서 해결하지 못하는 것을 해외에서 줄이겠다는 불확실한 계획도 있습니다. 온실가스는 전 지구를 순환합니다. 해외에서 배출해도 결국은 전 지구에 영향을 미치는 건 당연합니다. 그런데 다른 나라에서 줄이는 것으로 우리나라 목표를 달성하겠다는 것은 이상한 발상입니다.

기후위기비상행동은 현재 온실가스 감축 계획에 포함되지는 않았지

만 정치인들이 자꾸 언급하는 SMR이나 핵 융합도 계획에 넣으면 안 된
다고 주장합니다. SMR은 작은 핵발전소입니다. 당연히 핵발전소처럼 방
사능과 핵 폐기물이 발생하겠지요.

게다가 아직 상용화되지도 않은 기술이에요. 수천억의 돈을 투자해
도 2030년 전에 만들 수 있을지 알 수 없습니다. 기술적으로나 시기적으
로나 온실가스 감축의 현실 대안이 되지 못할 뿐 아니라 위험하기도 한
방법이지요.

기후위기가 다가오는 것은 매우 분명한 현실입니다. 이 확실한 재앙
을 불확실한 방법으로 막겠다는 것은 미래를 건 도박과도 같습니다. 가
장 확실하고 안전하게 이 위기를 극복해 나갈 방법이 필요합니다.

(2) 에너지 전환은 정의로운 방식으로 해야 합니다

순배출제로 사회를 이루기 위해서는 석탄, 석유, 가스 등 화석 연료
를 사용하여 에너지를 얻던 시대와 이별하고 재생 에너지 시대를 열어
야 합니다. 가장 먼저 탄소가 가장 많이 나오는 석탄 산업은 빠르게 퇴출
하고 석유를 주로 사용하는 내연기관차도 생산을 중단해야 합니다. 가스
를 주로 사용하는 보일러도 점차 바꾸어야 하겠지요.

정부는 에너지 전환을 위해 정확한 목표 시점을 세우고 재생 에너지
로 바꾸는 계획을 과감하게 추진해야 합니다. 그래야 기업과 국민들이
스스로 목표를 정하고 전환 계획을 세울 수 있을 테니까요.

재생 에너지 사회로 바꾸려면 한 지역에 크게 지어서 전기를 많이 생산하는 핵발전소 역시 함께 퇴출해야 합니다. 발전소가 설치된 지역에 방사능이나 핵 폐기물을 떠안으라고 강요하는 방식은 정의롭지 않은 방식이니까요. 게다가 대규모 발전 방식은 전력을 공급하고 조정할 때 재생 에너지 발전 방식과 충돌할 수 있습니다. 재생 에너지 중심으로 전력을 안정적으로 공급하려면 핵 발전 역시도 빠르게 폐쇄해야 합니다.

여기서 우리가 놓치지 말아야 할 게 있습니다. 바로 석탄 발전이나 핵 발전, 내연기관차와 관련한 산업이 사라지면 당연히 거기에 종사하는 노동자들의 일자리도 사라진다는 사실입니다. 노동자들이 당장 일자리를 잃고 생계에 위협을 받는다면 그것은 정의로운 전환이라고 할 수 없습니다. 노동자들의 일자리 전환이 가능하도록 사회와 기업, 노동자가 함께 준비해 나가는 과정도 꼭 필요합니다.

(3) 기후위기를 더 빠르게 하는 토건 프로젝트를 전면 중단해야 합니다

2050 탄소중립과 2030 온실가스 감축 목표를 내오고 있는 중에도 우리나라는 여전히 온실가스를 많이 배출하는 개발 공사가 착착 진행되고 있습니다. 대표적인 것이 바로 삼척에 건설되고 있는 블루파워 신규 석탄화력발전소와 가덕도, 새만금, 제주 등에 추진되고 있는 공항입니다.

IEA는 석탄화력발전소는 온실가스 배출의 주범이기 때문에 우리나라와 같은 OECD 가입 국가는 2030년까지 석탄화력발전소를 폐쇄해야 2050 탄소중립이 가능하다고 밝혔습니다. 프랑스는 항공 산업이 온실가스를 많이 배출한다는 사실 때문에 기차로 150분 이내에 갈 수 있는 거리의 항공 노선을 없앴습니다.

그러나 우리나라는 아직입니다. 미래의 언제까지 감축하겠다는 선언보다 더 중요한 것은 지금 새롭게 건설하려는 계획부터 취소하는 것이 먼저입니다.

(4) 생활에 꼭 필요한 공공서비스를 보장해야 합니다

2012년에 전기 요금을 못 내서 촛불을 켜고 자다가 화재 사고도 목숨을 잃은 할머니와 어린아이가 있었습니다. 2020년 추운 겨울에는 마땅한 집이 없어 비닐하우스에서 생활하던 이주 노동자가 추위로 사망하는 일이 벌어졌습니다.

우리 생활에 전기와 안전한 집은 없어서는 안 될 필수품이 되었습니다. 공공서비스란 바로 전기처럼 모든 사람의 일상생활에 반드시 필요한 서비스를 국가나 지방자치단체가 제공하면서 인간답게 살아갈 권리를 보장하는 것을 의미합니다.

한국전력이 전기를, 철도청이 철도를, 국민건강보험이 건강보험을…. 우리 사회에는 이런 공공서비스가 많이 있습니다. 만약 건강보험이 없었다면 큰 병에 걸렸을 때 돈이 없어서 치료를 받지 못하는 경우가 많아질 겁니다. 몇몇 대기업이 전기를 판매한다면 우리는 엄청나게 비싼 전기 요금에 어려움을 겪을지 모릅니다.

기후위기는 이상 기후로 더 많은 재난과 피해를 가져올 것입니다. 재난에 안전한 집, 감염병 예방과 질병으로부터 지켜줄 보건의료, 생활에 필수적인 에너지, 식량 위기로부터 보호할 먹거리, 편리하고 안전한 교통 등은 기후위기 시대에 우리에게 더 필요한 서비스입니다.

행복하고 안전하게 살기 위해 기본권을 보장하고 공공서비스로 지원하는 것이 기후 불평등을 현명하게 해결할 수 있는 방법 중 하나가 될 것입니다.

(5) '잘 사는 나라'의 기준을 바꿔 봅시다

선진국과 개발도상국을 어떻게 나눌까요? 바로 국내총생산GDP을 기준으로 합니다. GDP는 한 나라 안에서 가계, 기업, 정부 등 모든 주체가 생산한 재화와 서비스를 시장 가격으로 평가한 것입니다.

즉 자원을 많이 사용하여 많이 생산하는 것이 성장이고, 발전입니다. 그러니 필요 이상으로 생산하게 되고, 또 넘치게 소비하고, 폐기하는 것이 많아집니다. 이것은 기후위기의 근본적인 원인이 되기도 합니다.

최근에는 잘사는 나라의 기준을 국민의 행복이나 생태적 가치, 복지 등으로 환산하여 정책 목표로 삼아야 한다는 의견이 많아지고 있습니다.

우리는 어떤 기준으로 '잘 사는 나라'를 만들어야 기후위기에 대응할 수 있을까요?

(6) 기후를 살리는 수많은 기후 일자리가 필요합니다

영국의 100만 기후 일자리 캠페인이나 미국의 시민기후단 정책은 일자리를 원하는 모든 국민에게 에너지 전환, 환경 보전, 생태 농업, 돌봄 등 기후위기를 해결하고 생태계를 보존하는 데 필요한 일자리를 정부와 공공부문이 책임지는 것입니다.

국민 기후 일자리는 일자리가 사라지는 데에 대한 위기감을 줄여줄 뿐만 아니라, 기후위기에 적응하고 온실가스를 감축하는 데 많은 역량을 실을 수 있습니다. 또한 진정으로 '좋은 일자리'란 대기업에 취업하여 돈을 많이 버는 것이 아니라 필요한 노동과 가치 있는 노동을 만드는 데 기여하는 것이라는 걸 알 수 있습니다.

노동 시간을 줄이는 것도 기후위기 대응에 좋은 방법입니다. 기후위기비상행동은 영국 환경단체 플랫폼 런던의 보고서를 인용하여 영국의 경우 주4일 근무제로 바꾸면 온실가스를 21.3%나 줄일 수 있다고 말합니다. 한국은 일하는 시간이 매우 많은 나라 중 하나이니 고려해 볼 만한 방법이라고 생각합니다.

(7) 식량 자급도 높이고 채식도 늘리는 방안이 필요합니다

우리나라는 국민에게 필요한 식량의 절반 이상을 수입하고 있습니다. 농업의 어려움이 농민도 줄이고 농지도 감소시켰지요. 그러다 보니 기후위기로 식량 생산이 감소하고 수입도 어려워지면 먹거리가 부족해지기 쉽습니다. 식량 자급률을 높이기 위해 농민 소득을 지원하고 법제화하는 과정이 필요합니다.

이와 더불어 채식 위주의 식단으로 전환하기 위한 다양한 제도가 보완될 필요가 있습니다. 채식은 축산업으로 인한 온실가스를 줄이고 국민 건강에도 기여합니다. 채식하면 코로나19에 걸렸을 때도 중증도로 갈 위험이 무려 73%나 줄어든다고 미국의 한 연구진이 발표하기도 했습니다.

암스테르담은 공공기관의 경우 채식으로 우선 제공하고, 육식을 추가 제공하는 것으로 바꾸었습니다. 사료 생산 때문에 열대 우림이 파괴되는 것을 막고 공장식 축산으로 인한 온실가스 배출을 줄이려면 채식을 지원하기 위한 다양한 제도가 마련되어야 합니다.

(8) 전기차·수소차로 바꾸기 전에 무상교통과 차 없는 도시 변화가 먼저입니다

수송 부문은 온실가스 배출의 약 15%를 차지합니다. 수송에서 온실가스를 감축하기 위해서 가장 먼저 할 일은 수송의 양을 줄이는 것입니다. 아무리 전기차나 수소차로 바꾼다고 해도 차를 생산하는 과정에서, 그리고 차를 움직이는 전기나 수소를 만드는 과정에서도 온실가스는 발생하기 마련이니까요.

독일의 수도 베를린에서는 시민들이 나서서 차 없는 도시로 만들기 위한 법을 추진하고 있습니다. 우리도 도시에서는 승용차의 통행을 과감하게 줄이고 대중교통 중심의 정책으로 바꿔야 합니다. 그 신호의 처음으로 무상교통을 시행하는 것도 좋겠습니다. 또한 자가용이 없어도 편리하게 이용할 수 있는 촘촘한 교통망을 구축하는 일도 필요하겠지요.

(9) 과소비성 광고 금지와 '수리권' 도입으로 과잉 생산과 소비를 끊어야 합니다

구입한 지 4~5년이 지난 휴대폰의 배터리 수명이 다 되어 수리하려고 했는데 이제 그 제품과 같은 배터리는 생산을 안 한다고 합니다. 이와 비슷한 경험을 해 본 적이 있나요?

많이 생산해야 경제가 성장하는 현대 사회에서 기업은 제품의 이용 수명을 일부러 단축하기도 합니다. 그래야 소비자가 또 다른 제품을 구입하니까요. 수리해서 다시 사용할 수 있는 제품도 수리할 수 없도록 해서 소비를 더 많이 하게 합니다.

이렇게 계속되는 생산과 소비로 인해 더 많은 자원을 사용하고 기후 위기를 일으킵니다. 우리가 꼭 필요한 물건을 구입하고 최대한 오래 사용하려면 과소비를 조장하는 광고를 제한하고 기업이 제품의 수명과 구매자의 수리할 권리rights to repair를 보장하는 것이 필요합니다. 더 오래 사용한 제품일수록 그 가치가 높아지는 사회가 우리에게는 필요합니다.

6
매일 행동 – 알고 말하고 행동하기

• 유명 할리우드 배우인 제인 폰다는 2021년 골든글로브상을 수상한 소감을 묻는 기자의 질문에 현재 세상은 많은 문제에 직면해 있지만 그중 가장 큰 문제는 기후변화 위기이며 우리가 이 문제를 해결하는 것이 급선무라고 말했습니다. 또한 그러기 위해선 대기를 오염시키는 화석 연료의 소비를 대폭 줄여야 하며, 급속도로 악화하는 기후변화가 없었더라면 코로나19 전염병도 없었을 것이라는 생각을 밝혔습니다. 그래서 기후변화 위기에 대해 역설하고 해결을 위해 투쟁할 것이라는 말로 마무리했습니다.[44]

제인 폰다는 청소년의 환경 운동에 공감하며 2019년에는 매주 금요일마다 미국 국회 앞에서 시위를 벌이다 경찰에 연행되기도 했습니다.

• 영국 멸종저항 시위에 참여했던 82세의 노인 필 킹스턴은 4번이나 경찰에 연행되었습니다. 한 번은 런던의 도로 위에 분필로 '지금 당장 행동Act Now'이라고 적어 체포됐는데 죄명은 기물 파손죄였습니다. 연행되는 킹스턴에게 기자가 죄명을 묻자 '지구를 보호한 것'이라고 말했습니다. 킹스턴은 인터뷰에서 "마지막 물고기까지 잡아먹고 나면 알게 됩니다. 돈을 먹고 살 수 없다는 걸요."라며 원주민 부족의 속담을 건넵니다. 기후위기에 경제를 생각하면서 지금 당장 행동하지 않는 것은 마지막 물고기까지 잡아먹으려 하는 일임을 경고한 것입니다.

---

44 골든글로브 무대 선 제인 폰다 "내 인생을 바꾼 영화 세 편". 주간조선. 2021.03.09. http://m.weekly.chosun.com/client/news/viw.asp?ctcd=C09&nNewsNumb=002648100017

- 2021년 11월 블랙프라이데이. 영국의 한 아마존 유통창고가 기후 운동가들에게 봉쇄되었습니다. 이들이 들고 있는 현수막에는 '무한한 성장, 유한한 지구', 'AMAZON CRIME', 블랙프라이데이는 사람과 지구를 착취한다'라는 문구가 적혀 있었습니다. 기후 운동가들은 유통 창고의 입구를 막고 운송 트럭이 지나가는 것을 차단했습니다. 최대 48시간 동안 봉쇄하려고 했으나 30여 명이 체포되면서 오후부터 운송이 재개되었습니다. 이들은 아마존과 같은 기업들이 편리함에 대한 인류의 욕구를 이용하여 자연을 희생시키면서 소비를 늘리고 있다고 주장했습니다.

- 2021년 2월 부산 가덕도에 신공항을 건설하는 특별법이 국회를 통과했습니다. 온실가스를 가장 많이 내뿜는 항공 산업을 더 늘리겠다는 국회의 결정은 명백히 기후위기를 해결하려는 의지가 없다는 것을 보여준 결정이었습니다. 몇몇 기후정의 활동가들은 특별법을 통과시킨 것에 항의하고자 더불어민주당 건물 출입문을 봉쇄했습니다. 일부는 당사 1층 현관문을 잠그고 다른 활동가들은 1층 지붕 위에 올라 '기후파괴당 민주당, 가덕도 신공항 철회하라!'라는 내용의 현수막을 펼쳤습니다. '기후불복종' 직접 행동을 펼친 것입니다. 이들은 시민들의 직접 행동이 있어야만 기후위기를 해결할 수 있다고 말합니다.

- 2021년 11월 기후위기비상행동은 '지금 당장 기후정의'를 외치며 대학로에서 집회를 열었습니다. 그 자리에는 종교인, 시민사회활동

가, 노동자, 청년, 청소년 등 다양한 시민들이 참여했습니다. 시민들이 들고 있는 피켓에는 '석탄 발전 멈춰!', '하는 척 말고 당장 행동' 등의 구호가 적혀 있었습니다. 부모님과 함께 온 어린이 참가자는 "평소에도 분리배출이나 에너지 절약을 실천하고 있습니다. 하지만 그것만으로는 부족하다는 걸 알고 참여하게 되었어요."라며 소감을 나누어 주었습니다.

• 15살 지온이는 오늘도 작은 수첩을 꺼냅니다. 얼마 전 학교에서 기후위기에 대해 배운 후에 내가 버리는 플라스틱과 비닐이 얼마나 되는지 적기 시작했기 때문입니다. 처음 기록을 시작한 날 배출하는 양이 생각보다 무척 많아서 참 놀랐습니다. 일회용 마스크를 쓰고, 페트병 생수를 마시고, 트레이에 담긴 과자를 먹고, 떡볶이를 배달시켜 먹고 나니 모두 플라스틱과 비닐에 담겨 있었습니다. 그 뒤로 조금씩 플라스틱과 비닐을 덜 구입하려 노력합니다. 텀블러에 먹을 물을 담아 나가고, 집에서 그릇을 들고 나가 떡볶이를 포장해서 장바구니에 담아 옵니다. 조금씩 줄어드는 쓰레기를 보면서 뿌듯해졌습니다.

1
개인 실천의 소중한 의미

세탁소에 옷을 맡기면 담겨 오는 세탁 비닐은 일 년에 4억 장이나 쓰입니다.
어차피 옷을 보관할 때 벗겨야 하는데, 처음부터 안 쓰면 더 좋겠지요?

지금까지 기후위기의 원인과 불평등, 그리고 기후위기를 해결하기 위한 책임 등 많은 것을 알아보았습니다. 알면 알수록 스스로 해 나가는 작은 실천은 의미가 없는 것인가 싶기도 하고, 다른 한편으로는 그래도 무언가 해야겠다는 의지가 생기기도 합니다.

기후위기를 해결하기 위해 행동하는 방법은 사람마다 조금씩 다를 수 있습니다. 배우 제인 폰다나 필 킹스턴 할아버지, 아니면 한국의 기후정의활동가들처럼 시위에 동참할 수도 있습니다. 가족, 친지, 이웃들과 기후위기에 관해 이야기를 나누고 가정이나 학교, 마을에서 참여할 수 있는 행동을 만들 수도 있습니다.

우리가 흔히 알고 있는 에너지 절약과 분리배출, 대중교통 이용하기 등의 실천에 적극 동참하는 것도 필요합니다.

개인의 실천으로 줄일 수 있는 온실가스의 양은 지극히 적습니다. 나 한 사람이 페트병 생수를 안 산다고 해도 기업이 생수를 생산하면서 배출하는 온실가스를 다 줄일 수는 없습니다. 하지만 개인의 실천으로 나의 온실가스 배출량을 줄일 수 있고, 또 스스로 당당하게 기후위기 해결을 요구하는 힘을 얻을 수 있습니다.

줄일 수 있는 양이 적더라도 기후위기 문제에 공감하고 함께 행동하겠다는 연대입니다. 나 하나의 실천이 긍정적인 힘이 되고, 그 힘은 변화의 첫걸음이 될 수 있습니다. 개인의 실천에서 시작된 작은 변화는 함께 정책을 요구하는 행동으로 나아갈 든든한 뒷받침이 되어 줍니다.

그렇다면 지금 당장 할 수 있는 실천에는 어떤 것들이 있을지 다음 내용을 함께 읽어 봐요.[45]

(1) 가볍지만 의미 있는 에너지 절약

친환경적인 생활 실천으로 가장 먼저 떠올리는 것이 바로 에너지 절약입니다. 전기와 수도, 가스 등이 모두 에너지에 해당합니다. 전기 에너지를 아끼는 방법 중에서 가장 먼저 할 일은 에너지가 사용되는 곳에 효율을 높이는 일입니다. 에너지 효율이 높은 제품을 사용하는 것, 실내 온도를 적정하게 조절하는 것, 단열이 잘되도록 창틈과 문틈에 바람막이를 사용하는 것 등입니다.

건물의 단열을 보강하면 여름엔 시원하게 겨울엔 따뜻하게 지낼 수 있고, 온실가스 배출도 줄이고 에너지 비용도 줄일 수 있습니다. 가능하다면 건물에 태양광 패널을 설치하고 전기를 생산하여 집에서 사용하는 에너지를 직접 얻으면 더 효과적입니다.

사용하는 전자 제품의 사용 시간을 줄이거나 대기 전력을 차단하는 것도 방법입니다. 한 집에서 실내 적정 온도 유지를 위해 난방 온도는 2도 낮추고 냉방 온도는 2도 높이면 일 년 동안 탄소 166.8kg을 줄일 수 있습니다. 전국 가구 중 10%만 같이 실천해도 34만 8천4백여t을 줄일 수 있지요.

---

45 환경부. 탄소중립 생활 실천 안내서. 2021

양치할 때 컵을 사용하는 것도 우리가 쉽게 할 수 있는 실천입니다. 입을 헹구는 동안 물을 계속 틀어 놓는다면 약 36L가 사용되는데, 컵을 사용하면 1L 이하만 사용해도 됩니다. 설거지할 때도 통에 물을 받아서 사용하면 물 사용량이 40%로 확 줄어듭니다. 전국에서 10%만 이렇게 물을 절약하면 일 년에 탄소 약 4만t을 줄일 수 있습니다.

(2) 버리면서 배출하는 온실가스를 줄여요

우리가 배출하는 쓰레기를 줄이는 것도 중요한 실천입니다. 대표적으로 음식물 쓰레기를 살펴볼까요? UN환경계획의 보고서에 따르면 세계적으로 매년 10억t의 음식물이 버려집니다. 버려지는 음식물은 온실가스도 남기지요. 전 세계 온실가스 배출량 중에서 무려 8~19%나 된다고 합니다.

우리나라는 어떨까요? 우리나라의 2019년 음식물 쓰레기 발생량은 약 522만t이며, 분야별 발생량은 가정이 76%, 음식점이 17%, 사업장이 7% 수준입니다. 음식물 쓰레기를 줄이기 위해서는 필요한 식재료만 구입하고 상하지 않도록 잘 보관해야 합니다. 음식을 남기지 않도록 하고 식당에서도 먹지 않는 반찬은 미리 반납합니다. 용기를 미리 준비해 가서 남은 음식을 포장해 오는 것도 좋습니다.

이렇게 하면 한 사람이 일 년 동안 탄소 4.3kg을 줄일 수 있고 우리나라 인구 10%가 함께하면 2만 2천여t을 감축할 수 있습니다. 필요한 만큼만 사서 낭비되지 않도록 하고 일단 구입한 것은 모두 음식으로 활용해야 합니다. 요리할 때도 먹을 양을 잘 맞춰 버려지지 않도록 하고 양이 많은 경우에는 이웃과 나누는 것도 좋습니다.

쓰레기가 적게 나오는 제품을 구매하는 것도 작지만 소중한 실천입니다. 물건 크기에 비해 너무 큰 포장이 되어 있거나 불필요하게 묶음 포장된 상품은 구입하지 않습니다. 꼭 필요한 포장재라면 재활용이 쉽게 만든 포장을 선택합니다. 서로 다른 재질이 쉽게 분리되는지, 라벨이 있는지, 있다면 쉽게 뗄 수 있는지 확인하면 재활용 효율이 높아집니다.

우리가 입는 옷도 마찬가지입니다. 유행에 따라 잠깐 입고 버릴 옷이나 불필요한 옷을 충동적으로 구매하는 것이 아니라 새 옷을 적게 사는 노력이 필요합니다. 한 번만 입고 버릴 옷 말고 오래 두고 입을 옷을 고르고, 최대한 수선해서 오래 입는 습관도 필요합니다. 최근에는 특별한 날 입을 옷을 대여하는 서비스도 많으니 활용해 보는 것도 좋겠습니다.

(3) 대중교통 이용으로 줄이는 온실가스

교통 부분은 어떨까요? 자동차의 총 이동 거리를 줄이는 것이 탄소 절감에 중요하다는 사실 기억하지요? 자가용보다는 대중교통을 이용하고 가까운 거리는 자전거를 타거나 걷는 것이 좋습니다. 매일 승용차를 이용하는 사람이 일주일에 한 번 대중교통을 이용한다면 일 년 동안 탄소 285kg을 줄일 수 있습니다. 국내 자가용 이용자 10%만 이 실천에 동참해도 무려 51만 5천7백여t을 감축하게 됩니다.

공공교통네트워크가 발표한 자료에 따르면 자가용을 한 번 이용할 때마다 1만 4천 원 정도의 사회적 비용이 발생합니다. 반면 자가용 1대당 내는 세금은 4천 원 정도여서 나머지 1만 원의 사회적 비용은 다른 사람들이 낸 세금에서 충당하고 있습니다. 자가용 대신 버스나 지하철을 이용하면 한 번에 세금 1만 원 이상을 절약하는 셈입니다.

자전거를 이용하는 건 어떨까요? 국내 인구의 10%가 일 년 동안 1주일에 한 번 정도 2km 거리를 자가용 대신 자전거를 이용하면 9만 8천t의 탄소가 줄어듭니다. 나무 1천만 그루를 심는 효과와 맞먹습니다.

먼 거리를 이동할 때는 대중교통을 이용하고 가급적 전기를 사용하는 교통수단을 선택하는 것이 좋습니다. 꼭 자가용이 필요한 경우라면 여러 사람이 함께 타고 이동할 수 있도록 노력하고, 차를 살 경우에는 전기차를 우선 구매하는 것이 조금이나마 온실가스 배출을 줄이는 방법입니다. 가급적 비행기를 이용하는 장거리 여행을 줄이는 것도 도움이 될 것입니다.

(4) 기후친화적인 소비 습관

우리가 소비하는 것 중에서 많은 부분을 차지하는 것이 농산물이나 가공품입니다. 어떤 것이든 생산과 운송 과정에서 많은 에너지를 사용합니다. 특히 제철이 아닌 먼 거리 생산품일수록 에너지 사용이 많겠지요.

지역에서 제철에 나오는 농산물이나 가공품을 이용하는 것은 온실가스 절감에 도움이 됩니다. 이것은 운송과 냉장 및 냉동 보관에 따른 에너지 소비를 줄이고 지역의 농민과 가공업체를 지원하는 데 기여합니다. 지역의 생물다양성을 높이는 방안이 되기도 합니다.

자원 순환을 위한 실천을 위해 나의 습관을 바꾸는 것은 어떨까요? 물건을 사러 갈 때는 언제나 장바구니를 이용하고 음식을 보관할 때는 1회용 랩 대신에 실리콘 랩이나 허니 랩 등으로 바꿔 보세요. 비닐 사용을 줄이면 연간 6천t의 탄소가 줄어듭니다.

비닐 봉투 1장을 아끼면 원유 약 18L를 아끼는 것과 같습니다. 화장실에서 손을 씻은 후 자연스럽게 이용하는 종이 타월이나 손 건조기 대신 손수건을 이용하는 것도 손쉬운 실천입니다. 우리나라 국민 10%만 동참해도 약 1천5백만 그루의 나무를 심는 것과 비슷한 양의 탄소가 줄어듭니다.

또 하나 우리가 쉽게 사용하고 버리는 것 중에 물티슈가 있습니다. 종이라고 생각했던 물티슈는 알고 보면 플라스틱과 레이온을 합성한 것이라 재활용되지 않습니다. 물티슈 대신 행주나 걸레를 사용하고 외출할 때는 손수건을 챙겨 사용하면서 물티슈 사용을 줄여 봅시다.

(5) 채식 위주 식단으로 바꿔요

육식을 줄이고 채소를 더 많이 먹는 것이 기후위기를 해결하는 데 도움이 됩니다. UN의 자료에 따르면 세계 농지의 약 60%가 축산업과 사료 생산에 사용되고, 육식을 위해 배출되는 온실가스는 전체의 16%나 된다고 합니다.

채식 위주의 식사는 우리의 건강을 지키는 데에도 도움이 됩니다. 혈압과 콜레스테롤 수치를 낮추고 심장병이나 당뇨병도 줄일 수 있습니다. 코로나19도 중증으로 갈 확률을 낮춘다는 연구 결과가 나왔습니다.

채식만 하기 어렵다고 생각한다면 육식을 줄이는 것으로 계획해 보세요. 고기 반찬이 있어야만 밥을 먹는 습관을 소금씩 바꿔 나가는 것이지요. 최근에는 육식을 대체할 수 있는 식재료도 다양해지고 있습니다.

얼마 전 카페에서 햄샌드위치를 하나 구입했습니다. 별생각 없이 사서 맛있게 먹었는데, 포장을 버리려고 보니 '비건'이라는 글씨가 눈에 띄었습니다. 그 샌드위치 속에는 '가짜' 햄이 들어 있었던 것입니다. 이렇게 조금씩 육식을 줄이고 채소 섭취를 늘린다면 지구도 우리 몸도 건강해질 것입니다.

(6) 지구를 살리는 투자

마지막으로 하나만 더 살펴볼까요? 기후위기 해결에 투자하는 것도 개인이 할 수 있는 행동 중 하나입니다. 기후위기가 심각해지고 석탄 산업이 그 주범임이 알려지면서 세계 금융시장은 탈석탄 선언을 이어가고 있습니다.

우리나라 청소년들도 교육청이 가진 예산을 석탄에 투자하지 않는 은행에서 사용하라고 요구하기도 했습니다. 하지만 우리나라 국책 은행들은 아직 탈석탄 금융을 선언하지 않고 있습니다. 온실가스 배출을 하지 않는 산업에 투자하는 금융 기관과 금융 상품을 선택한다면 우리의 돈이 기후위기를 막아내는 데 사용하기를 원한다는 표현이 될 수 있습니다.

금융 기관뿐만 아니라 직접 태양광협동조합에 투자하거나 기후위기에 대항해 싸우는 시민단체에 후원하는 방식도 긍정적인 투자입니다. 직접적으로 태양광 산업이 성장하는 데 기여하고 기후정의 운동을 응원하는 방식이니까요.

이처럼 하나하나 살펴보니 우리가 할 수 있는 실천들이 꽤 많네요. 이 외에도 탄소를 줄일 수 있는 생활 속 실천은 더 많습니다. 조금 불편해도 기후위기 해결에 도움이 되는 실천이라는 걸 생각하면 꾸준히 실천해 나갈 수 있을 거예요.

2

한 걸음 더 나아가는 실천

필必 환경 시대! 외출하거나 여행갈 때 장바구니, 텀블러, 손수건은 필수품!

일상생활 속에서 하는 실천들보다 조금 더 나아간 실천에 도전해 보는 건 어떨까요?

에너지 절약을 잘 실천하고 있다면 이제는 에너지 생산에도 도전해 봅시다. 가장 쉽게 할 수 있는 생산은 우리 집에 작은 규모의 태양광발전소를 짓는 것입니다. 태양광미니발전소는 다양한 규모와 형태가 있습니다. 아파트 베란다나 창문에 달 수 있는 50~1,000W 미만 규모의 베란다형이나 1~3kW의 주택형 미니발전소가 일반적으로 가정에서 설치할 수 있는 발전소입니다.

베란다에 300W 규모의 태양광발전소를 설치한다면 한 달에 약 29.2kWh의 전기를 생산할 수 있습니다. 1kWh의 전력은 5W LED 전구를 200시간 켤 수 있고, 100W TV를 10시간 볼 수 있습니다. 태양광 미니발전소가 한 달 동안 생산하는 전력량은 냉장고 한 대를 한 달 동안 사용할 수 있는 양과 비슷합니다.

에너지를 직접 생산할 방법은 또 있습니다. 바로 태양광발전협동조합에 참여하는 것입니다. 학교 옥상이나 마을에 있는 공공 부지에 태양광발전소를 지으면서 공동의 투자를 하는 것입니다.

실제로 서울 동작구의 국사봉중학교는 학교 옥상에 태양광 발전을 세우고 학생, 학부모, 교사, 마을 주민들이 함께 협동조합을 만들어 운영하고 있습니다.

태양광발전소가 전기를 생산하면 그만큼 화석 연료 발전에서 오는 전기를 줄일 수 있습니다. 석탄발전소가 1kWh의 전기를 생산할 때 배출하는 온실가스는 약 990g입니다. 태양광은 그에 비해 18배 적은 54g을 배출합니다. 똑같은 전기를 사용하더라도 석탄 전기보다 태양광 전기를 사용하는 것이 훨씬 더 적은 온실가스를 배출합니다.

에너지 생산을 했다면 이제 먹거리 생산도 직접 해 볼까요?

로컬푸드라는 말을 들어 보았을 겁니다. 지역 먹거리라는 뜻이지요. 서울 근교로 나가면 로컬푸드를 파는 매장이 다양하게 있습니다.

그곳에서 사는 채소는 당연히 국내산이고 당일 수확하여 가까운 거리에서 운송한 것들이니 항상 신선하고 온실가스 배출도 적습니다. 제철에 나는 특산품을 쉽게 만날 수 있는 곳이기도 합니다. 농민들이 직접 가격을 결정하고 생산자 이름을 적어서 판매하니 품질관리도 잘 됩니다.

하지만 유독 서울에서는 로컬푸드 매장을 찾기 힘듭니다. 2021년 현재 서울지역 로컬푸드 직매장은 단 두 곳뿐입니다. 도시에서의 농작물 생산이 많지 않은 것이 그 이유입니다.

도시농업은 도시와 농업의 합성어입니다. 유사하게 떠오르는 이미지는 주말농장이 아닐까 합니다. 사실 도시농업은 먹거리를 자급자족하기 위함이라기보다는 도시 속 녹지의 가치를 생각하고 먹거리 생산의 소중함을 배우는 공간입니다. 농업이라고는 하지만 '직업'이라기보다는 '배움'의 의미가 더 큽니다.

적은 양이어도 직접 농사를 지으면 건강한 먹거리를 생각하고 기후 위기 시대 농민의 마음을 조금이나마 공감할 수 있습니다. 땅이 넓으면 좋겠지만 자투리 공간이나 건물 옥상 위 상자에 자리해도 좋습니다. 내가 직접 키운 먹거리는 자연과 어우러지는 건강한 삶을 배우게 하고 초록 생명의 소중함을 알게 합니다.

플라스틱 어택plastic attack 캠페인, 들어 보았나요? 영국에서 시작한 환경 캠페인 중 하나로 불필요한 일회용 플라스틱 포장이나 빨대 등을 모아 다시 매장에 버리거나 생산자에게 돌려주는 캠페인입니다. 대표적인 메시지는 "쓰레기는 사지 않았다"로, 물건을 구매할 때 자연스럽게 따라오는 플라스틱이나 비닐 포장을 쓰레기의 관점으로 바라본 것입니다.

우리나라에서도 많은 시민이 참여하여 플라스틱 포장을 바꾼 사례가 있습니다. 플라스틱 빨대 없는 멸균우유를 생산해 달라는 요구를 하며 붙어 있는 빨대를 모아 해당 우유 업체로 보낸 시민이 있었습니다. 그 이후 해당 업체는 빨대가 붙지 않은 우유도 생산하겠다고 답을 내놓았지요.

고양의 한 시민단체는 대형마트에서 장을 본 후 포장과 트레이를 모아 마트에 버리는 퍼포먼스를 진행하며 과대 포장에 대한 문제를 제기하기도 했습니다. 재활용이 되지 않는 화장품 용기 780여 개를 모아 화장품 회사에 보내어 재활용 가능한 용기 사용 약속을 받아낸 사례도 있습니다.

잘 골라서 구입하고 잘 분리해서 버리는 것도 중요하지만 생산 과정에서부터 불필요한 것을 만들지 말라는 직접적인 소비자들의 요구, 함께 참여하면 힘이 되는 행동의 하나일 것입니다. 우리도 직접 참여할 수 있는 작은 행동을 찾아보는 건 어떨까요?

3

함께 만들어 가는 기후행동

TV의 볼륨을 최대한 줄이고, 모니터 밝기를 한 단계 어둡게 하는 것만으로도
사용하는 전력의 10%를 줄일 수 있어요.

작은 실천에서 시작하여 기후행동을 키워 나가고 있다면 이제는 익숙한 시야가 아닌 다른 시야에서 우리의 행동을 만들어 가 봅시다.

먼저 제안하고 싶은 행동은 광고를 보는 '눈'입니다. 우리는 수많은 광고 속에서 살고 있습니다. 새 휴대폰을 구입한 후 얼마 지나지 않아 또 다른 새 휴대폰을 구입하고 싶어집니다. 작년에 구입한 옷도 올해는 유행이 지나 입기 싫습니다. 식물 재배기, 화장품 냉장고, 빨래건조기와 같이 과거에는 없던 전기 제품들이 개발되고 살 것을 유혹합니다.

그뿐인가요? 밤 10시만 되면 쏟아지는 치킨 광고와 라면 광고는 자연스럽게 침이 고이게 만듭니다. 길을 가다 마주치는 9,900원짜리 티셔츠는 싸고 예쁘다는 생각에 집에 티셔츠가 넉넉히 있다는 사실을 잊게 만들지요. 이런 광고가 소비를 늘리고 기후위기를 더 심각하게 한다는 사실을 잊지 말아야 합니다.

두 번째 제안하고 싶은 행동은 기후 정책과 정치에 관심을 갖는 '귀'입니다. 대통령 선거나 국회의원 선거, 지방자치단체장 선거에서는 수많은 공약이 쏟아져 나옵니다. 매일매일 소식이 담기는 뉴스에서도 다양한 정책 변화가 들립니다.

기후위기에 대응하지 않는 정책이나 공약도 참 많습니다. 하지만 내가 아무런 관심을 갖지 않는다면 그들의 부당한 결정을 바꿀 수 없습니다. 항상 정책의 소리에 귀를 기울여야 틀린 방향을 지적할 수 있습니다.

기후위기 해결을 위한 정책을 결정하는 것은 그들이지만, 그들을 움직이는 힘은 관심을 갖고 있는 우리들입니다.

　기후위기가 세계적인 화두가 되면서 관련 정보를 담은 책과 영상도 많아졌습니다. 정확한 사실을 아는 것도 기후 문제에 귀를 여는 행동입니다.

　세 번째 제안하고 싶은 행동은 기후위기를 알리는 '입'입니다. 기후위기와의 싸움에서 승리할 힘은 무엇보다 많은 사람이 기후위기의 심각함을 알고 함께 행동하는 것입니다. 기후위기가 얼마나 심각한지 알고 있는 사실을 주위에 알리고 함께 행동할 것을 청해야 합니다. 함께 석탄 발전을 멈추라고 말하고 공항 건설을 그만하라고 말해야 합니다. 그리고 온실가스를 감축하는 실천에도 동참해야 합니다.

　말하지 않고 침묵하면 기후위기는 해결되지 않습니다. 기후위기 관련 정책을 결정할 권한이 있는 사람들은 기후위기에 침묵하는 것이 더 유리할 테니까요. UNEP는 자신이 사는 지역의 정치인과 산업계를 상대로 온실가스 배출을 줄이라고 압력을 넣는 것이 매우 중요한 행동이라고 제안합니다. 기후위기를 말하고 지금 당장 행동하라 외치는 목소리가 많아지고 또 커져야 우리에게 필요한 기후위기 정책을 결정하고 집행할 수 있습니다.

　관련 소식과 정보를 찾기 어렵다면 기후위기에 목소리를 내는 시민 사회 단체를 찾고 후원하며 소식을 공유하는 것도 좋은 방법입니다. 국내에도 기후위기에 대응하는 실질적 행동을 목표로 하는 단체가 많이 있으니까요.

마지막으로 제안하고 싶은 행동은 함께 연대하는 '손'입니다. 기후위기에 대응하는 행동은 때로는 과격하기도 하고 때로는 대규모 시위가 필요하기도 합니다. 영국의 멸종 저항이 도로를 점거하거나 트럭을 막는 등 과감한 시위를 벌이는 것은 그만큼 절박한 목소리를 표현하기 위함입니다.

서울 광화문이나 대학로에서 대규모의 시민들이 모이는 것은 기후위기 해결을 요구하는 사람들이 많다는 것을 알리기 위함입니다. 텀블러를 들고 다니고 대중교통을 타는 것만으로 기후위기를 해결할 수 없다는 것을 알기 때문입니다. 어떤 자리에서건 연대하며 먼저 내미는 손이 필요합니다.

'연대의 손'은 이렇게 함께 길에 서야만 잡을 수 있는 것은 아닙니다. 우리 주위에 기후위기로 인해 피해를 입는 생명이 어떤 것이 있는지 살펴보고, 그들과 함께 할 수 있는 방법을 찾는 것도 소중한 연대입니다.

개발로 파괴되는 현장을 지키는 행동, 삶의 터전을 잃어가는 멸종위기 동식물을 살피고 기록하는 행동, 탄소 배출을 돕는 삼림을 보존하고 나무를 심는 행동, 폭염과 한파로 여름과 겨울을 나기 어려운 이웃을 위해 나눔을 실천하는 행동, 이런 행동 하나하나가 우리가 함께 만드는 연대입니다.

4

기후정의를 말하고 요구할 권리

텀블러에 밴 냄새를 없애려면 물과 식초를 9:1로 섞은 물에 담가 보세요. 그 후에 베이킹 소다를 섞은 물로 헹구어 햇빛에 말리면 냄새가 싹 사라져요.

2021년 11월 6일, 한강 노들섬 위를 지나는 한강대교 위. 경찰에 둘러싸여 탄중위를 해체하라고 외치는 활동가들이 있었습니다. 그들이 들고 있는 현수막에는 '2030 온실가스 감축 목표 상향', '지금 당장 기후정의'라는 말이 적혀 있었습니다.

그날은 대통령 산하 2050탄소중립위원회가 UN에 제출할 2030년까지의 온실가스 감축 목표를 결정하는 회의가 열리는 날이었습니다. 지구 온도 상승을 1.5도로 억제하려면 한국은 온실가스 배출량을 2030년까지 2018년 대비 최소 50%를 감축해야만 합니다.

하지만 정부와 탄소중립위원회는 경제적인 상황을 고려해야 한다며 그 목표를 40%로 정했습니다. 기후위기 해결을 간절하게 원하는 활동가들과 시민들은 회의장 안으로는 들어가지도 못한 채 기후정의를 목이 터져라 외쳤습니다.

활동가들을 둘러싼 경찰들은 그 외침을 시민들에게 위협이 되는 불법 집회라고 규정하고 해산을 요구했습니다. 회의장으로 들어가 의견을 내려는 활동가는 경찰에 의해 사지가 들려 길에 내동댕이쳐졌습니다. 그들은 길에서 현수막을 드는 행동이 위협적인지, 기후위기를 해결할 의지가 없는 정부와 탄소중립위원회가 더 위협적인지 묻고 또 물었습니다. 시위에 함께한 청소년 활동가들은 울먹이며 자신들의 미래를 이렇게 결정하는 것에 분노했습니다.

두 시간여 시간이 흐르고 회의를 마친 탄소중립위원회 위원들이 밖으로 나왔습니다. 그렇게 절박하게 소리 내어 외쳤어도 결국 회의는 아무 변화 없이 끝났고, 2030년 온실가스 감축 목표는 40%로 정해졌습니다.

하지만 이런 행동이 아무 의미도 없는 것은 아닙니다. 그날 여러 사람의 SNS를 통해 이 소식이 올라갔고 그 밑에는 '응원하고 있다', '함께 못해 미안하다'는 공감의 글이 달렸습니다. 노들섬 위에 함께 섰던 활동가들은 서로의 눈을 보고 또 서로의 손을 잡으며 어깨를 다독이고 다시 힘차게 나가자고 인사했습니다. 그리고 서로의 격려가 조금씩 더 커질 것임을 알고 있습니다.

지금 우리에게 필요한 것은 기후위기를 함께 겪어낼 용기입니다. 앞으로 30년 후에는 화석 연료에 의존하는 삶을 완전히 끊어내겠다는 결단입니다. 우리는 한 번도 탄소배출이 '0'인 사회를 만들어 본 적이 없습니다.

탄소배출 없이 전등을 켤 수 있는 사회도, 탄소배출 없이 서울과 부산을 오가는 교통도, 탄소배출 없이 사용할 수 있는 휴대폰도, 입을 옷도, 아직은 또렷하게 보이지 않을 수 있습니다. 하지만 확실한 것은 그 미래를 향해 빠르게 달려가야 한다는 것입니다.

온실가스 감축은 빠르게 그리고 정의로운 방법으로 진행되어야 합니다. 이건 절대 선택의 문제가 아니에요. 우리가 기후위기로부터 안전하게 살아남고, 또 미래에도 안전할 수 있도록 하려면 마땅히 해야 하는 일입니다. 그것을 요구하는 행동도 선택이 아니라 권리고 의무입니다.

얼마 전 청소년들과 이야기를 나눌 기회가 있었습니다. 끝날 무렵에 기후정의와 기후행동을 몇 글자로 정의해 보는 시간을 가졌습니다. 그때 한 청소년이 말한 내용이 기억납니다. "기후정의는 우리의 권리, 기후행동은 우리의 의무"라고 말했습니다. 아주 쉽지만 또 그만큼 간명한 결론도 없다 싶었습니다.

그렇습니다. 기후정의는 우리가 행복하게 같이 살 수 있는 세상을 요구하는 권리입니다. 그리고 기후행동은 그것을 지키기 위한 우리의 의무입니다. 우리가 지금 당장 기후위기로부터 안전하게 살 권리를 행사하고 스스로 의무를 다하기 위한 걸음에 함께 나서길 희망합니다.

5

다시, 기후위기를 보는 눈

과대 포장 제품 말고 실속 있고 알차게 담긴 제품을 구입해요. 보기에만 좋은 포장은 결국 쓰레기를 늘리는 원인이 되어 버려요.

우리가 사는 세상은 항상 완전하지 않았습니다. 환경 파괴, 빈부 격차, 차별, 식량과 물 부족, 전쟁, 난민 등 우리가 만나는 지구촌의 문제는 다양합니다.

중동 지방은 석유가 풍부해서 물보다 석유가 싸다지만, 우리나라는 석유를 찾기 어렵습니다. 우리는 언제나 수도를 틀면 깨끗한 물을 얻을 수 있지만, 우간다의 아이들은 한 시간 이상 걸어야 겨우 한 동이의 물을 만날 수 있습니다. 아프리카의 니제르는 우라늄이 풍부하지만, 핵발전소 강국 프랑스에 다 보내고 방사능 오염만 가득합니다.

어딘가에서는 먹을 음식이 남아서 잔뜩 버리고 있지만 다른 곳에서는 먹을 것이 없어 굶주림에 시달리고 있습니다. 과테말라의 어린이들은 커피 농장에서 하루에 1만 원도 안되는 돈을 받고 일하지만, 그 커피를 파는 기업은 엄청난 돈을 법니다. 세계의 슈퍼 부자들은 코로나19 이후에 더 많은 부를 쌓았지만, 빈곤한 사람들 1억 명은 더 극심한 가난에 시달리게 되었습니다.

전 세계 사람들은 이런 지구촌의 문제를 해결하려고 항상 노력했습니다. 하지만 언제나 불평등은 더욱 심해질 뿐 해결하기 어려웠지요. 그리고 지금 우리에게 다가온 기후위기는 이런 불평등을 더욱 부추기고 있습니다. 지구촌이 가진 수많은 문제가 기후위기와 연결되어 있습니다. 기후위기가 아닌 기후정의를 말하는 것도 바로 그 때문입니다.

IPCC가 발표한 1.5도 특별보고서는 "2050년 순배출제로 사회를 달성하려면 신속하고 광범위하면서 전례 없는 전환이 필요하다"고 말하고 있습니다. 기후위기의 원인이 인간의 활동인 만큼 전례 없는 변화란 인간 활동의 거대한 전환을 의미합니다.

기후위기를 해결한다는 것은 산업, 교통, 건물, 가정 모두에서 온실가스를 줄이려고 노력하는 것에 그치지 않습니다.

우리 사회는 모두 연결되어 있고, 이것은 또 다른 생태계와 연결되어 있습니다. 그 과정에서 생겨난 불평등과 차별, 자원의 착취, 식량 부족 등 여러 가지 문제를 함께 해결할 근본적인 이유를 바꾸지 않으면 '전례 없는 변화'는 불가능합니다.

기후위기는 우리에게 지금 당장 행동하지 않으면 재앙이 닥칠 것임을 알려주는 신호입니다. 그리고 그 사회 시스템과 연결 고리를 바꿀 것을 권하는 신호이기도 합니다.

기후위기는 분명 우리에게 위기입니다. 하지만 지금까지 해결하지 못한 지구촌의 문제를 해결할 열쇠일 수도 있습니다. '온실가스'라는 과학적 원인으로만 기후위기를 바라보지 말고, '정의'의 눈으로 기후위기를 바라보려는 노력이 그 열쇠를 돌리는 힘입니다.

지구를 살리는 기후위기 수업

2022년 1월 20일 1판 1쇄
2023년 11월 23일 1판 5쇄

지은이 | 이영경
펴낸이 | 김철종

펴낸곳 | (주)한언
출판등록 | 1983년 9월 30일 제1-128호
주소 | 서울시 종로구 삼일대로 453(경운동) 2층
전화번호 | 02)701-6911 팩스번호 | 02)701-4449
전자우편 | haneon@haneon.com

ISBN 978-89-5596-923-8 (03300)

만든 사람들
기획 · 총괄 | 손성문
편집 | 김세민
디자인 | 박주란
일러스트 | Zebra by Oleksandr Panasovskyi

한언의 사명선언문

Since 3rd day of January, 1998

Our Mission — 우리는 새로운 지식을 창출, 전파하여 전 인류가 이를 공유케 함으로써
인류 문화의 발전과 행복에 이바지한다.

— 우리는 끊임없이 학습하는 조직으로서 자신과 조직의 발전을 위해 쉼
없이 노력하며, 궁극적으로는 세계적 콘텐츠 그룹을 지향한다.

— 우리는 정신적·물질적으로 최고 수준의 복지를 실현하기 위해 노력하
며, 명실공히 초일류 사원들의 집합체로서 부끄럼 없이 행동한다.

Our Vision   한언은 콘텐츠 기업의 선도적 성공 모델이 된다.

저희 한언인들은 위와 같은 사명을 항상 가슴속에 간직하고
좋은 책을 만들기 위해 최선을 다하고 있습니다.
독자 여러분의 아낌없는 충고와 격려를 부탁드립니다.

· 한언 가족 ·

HanEon's Mission statement

Our Mission — We create and broadcast new knowledge for the advancement and
happiness of the whole human race.

— We do our best to improve ourselves and the organization, with the
ultimate goal of striving to be the best content group in the world.

— We try to realize the highest quality of welfare system in both
mental and physical ways and we behave in a manner that reflects
our mission as proud members of HanEon Community.

Our Vision   HanEon will be the leading Success Model of the content group.